法律职业伦理

李旭东 编著

华南理工大学出版社

图书在版编目（CIP）数据

法律职业伦理/李旭东编著. —广州：华南理工大学出版社，2019.1
ISBN 978-7-5623-5704-9

Ⅰ. ①法… Ⅱ. ①李… Ⅲ. ①法伦理学－教材 Ⅳ. ①D90－053

中国版本图书馆 CIP 数据核字（2018）第 150478 号

Falü Zhiye Lunli
法律职业伦理
李旭东　编著

出 版 人：	**卢家明**
出版发行：	华南理工大学出版社
	（广州五山华南理工大学 17 号楼，邮编 510640）
	http：//www.scutpress.com.cn　　E-mail：scutc13@ scut.edu.cn
	营销部电话：020－87113487　87111048（传真）
策划编辑：	王　磊
责任编辑：	付爱萍　王　磊
印 刷 者：	广州市新怡印务有限公司
开　　本：	787mm×1092mm　1/16　印张：11.5　字数：196 千
版　　次：	2019 年 1 月第 1 版　2019 年 1 月第 1 次印刷
定　　价：	45.00 元

版权所有　盗版必究　　印装差错　负责调换

前 言

"法律职业伦理"是华南理工大学"十二五"本科教材第一批建设项目，也是我校法律卓越人才建设项目的核心课程之一。2017年教育部法学学科教学指导委员会决定将本门课程列入法学本科专业核心课程，这对本教材的编写提出了更紧迫的要求。

作为一本专著性质的教材，它有如下三个方面的特点：

一是在体例上，内容分为理论篇与规则篇两部分。

本教材按顺序分为六章，按照内容的逻辑可以分为基本原理部分（第一、二章）与具体职业伦理规则部分（第三、四、五、六章）两类，供大学本科或法律硕士阶段的法律职业伦理课程教学使用。

理论篇，介绍了职业、职业伦理与法律职业伦理的概念与理论，提供一定的通识教育背景知识；主要从理论上认识法律职业伦理的特点，兼及法学教育、法律职业与法律职业伦理的关系，意图增进学习者对职业伦理的理论认识；这部分内容由教师进行课堂讲授，辅以课外的相关阅读。规则篇，介绍了各法律职业的伦理规则；这部分对法官、检察官与律师等具体职业领域的特点及由此衍生的职业伦理进行探讨，也对中国法律职业伦理面临的现实挑战进行了初步讨论；这部分内容目前还缺乏充分的研究，教师可根据需要及时补充新文献组织教学。

这样的安排，希望为未来或许并不从事法律职业的学生提供一定的通识教育内容，也为未来的法律实务工作者提供基本的职业伦理规则教育，使不同需求者各得其所；对于希望了解相关知识的非法律专业人士也有一定用处。

二是在规则篇中，强调了伦理规则的实操性，加强了对现行规则的整理工作。

国外的法律职业发展比较成熟，其职业伦理规则具有实操性，被公认为"法律人的法律"。法律职业伦理课程也被认为是法律人"为自己的知识"，区别于那些"为客户的知识"即法律专业知识。

我国长期将职业伦理视为职业道德，职业伦理被过度道德化，相关规则存在虚置与空泛化的特点。随着法治进程的加深与法律职业自身的逐渐成熟，观念也在不断更新，至少在本领域的研究者中这一问题已基本解决；不过，法学其他学科的学者或部分法律实务工作者对此问题尚缺乏足够了解。这就导致由不同主体在不同时期按不同观念制定的职业道德规范和有关立法充满了矛盾。早期的规范性文件过多强调道德因素，近期的表述已重视伦理规则，这些有效规则间的矛盾性应当着力解决。

本书努力以职业伦理规则之实操性要求为标准，提供一个中国法律职业伦理的教材。其他教材可能讨论西方法律职业伦理内容较多，本书的写法有所不同，努力将目前我国各具体法律职业道德规范与相关立法进行一种系统化的表述，使之更符合职业伦理规则的要求。但研究者不能代替立法者，这一做法在目前仍有其必要性。相信不久的将来，中国法律职业伦理规则将进一步完善，未来的作者在撰写此类教材时心态会更为从容。

三是在理论篇中，适当反映国外的发展新趋势与研究成果。

由于我国的法律职业伦理实践发展相对滞后，在理论研究方面的成果也相对有限，笔者在编写时吸收了国外的部分相关文献。这部分的内容，主要介绍国外本课程的情况、具体法律职业及其相关规则与当代的一些变化。它需要对国外法律职业界有专门了解，笔者只能在有限范围内做些努力，希望能对读者略有助益。

由于本人只熟悉英语，因此书稿偏重美国法律职业伦理领域的理论与实践，对其他语系国家的介绍显得相对较少，这只能留待本学科文献的进一步丰富了。

受本人知识结构的限制，本书在教学案例的收集方面还有所欠缺。好在现在各种案例材料并不难找，这个不足希望任课教师在教学时参考其他著作进行弥补。

法律职业伦理已经被列入法学本科的必修课程，未来一定会有长足的发展。随着许多熟悉法律实务的教师和入选"双千计划"的部分实务界专业人士的不断加入，可望对本课程作出更多的贡献。

目录

第一章 法律职业伦理的基本概念 / 1
第一节 职业与法律职业 / 1
一、职业 / 1
二、法律职业 / 8
第二节 伦理与道德的概念 / 15
一、伦理与道德概念不同 / 15
二、伦理与道德的历史发展 / 16
三、伦理与道德认识困难的原因 / 18
第三节 职业伦理与职业道德的概念 / 20
一、职业伦理的概念及其特点 / 20
二、关于职业道德概念的讨论 / 23

第二章 法律职业伦理的课程地位 / 27
第一节 作为应用伦理学分支的法律职业伦理 / 27
一、伦理学的分类 / 28
二、应用伦理学的主要分支学科 / 31
三、法律职业伦理的研究内容 / 34
第二节 国外法学院的法律职业伦理 / 39
一、美国法律职业伦理课程的地位 / 40
二、美国律师职业伦理规则的多元化现实 / 41
三、美国法律职业伦理课程的基本内容 / 44
四、国外法律职业伦理课程的地位 / 45
第三节 中国法律职业伦理课程的地位 / 46
一、中国法学院的法律职业伦理发展历程 / 46
二、中国法律职业伦理的问题与前景 / 49

目录

第三章　法官职业伦理规则 / 58

　第一节　国外法官职业伦理与规则 / 58

　　一、法官职业的身份 / 58

　　二、有关国家的法官职业伦理规则 / 60

　第二节　中国法官职业伦理规则 / 63

　　一、《中华人民共和国法官法》(2017修订)的规定 / 64

　　二、《法官行为规范》(2010修订)的规定 / 65

　　三、法官职业的"五个严禁"(2009)要求 / 72

　　四、《中华人民共和国法官职业道德基本准则》(2010)的规定 / 74

　第三节　中国法官职业伦理规则的问题与挑战 / 80

　　一、律师对法官的商业化影响 / 81

　　二、领导干部对法官职业伦理的权力化影响 / 83

　　三、法官职业伦理的现实挑战 / 86

第四章　检察官职业伦理规则 / 92

　第一节　各国检察官职业伦理规则 / 92

　　一、各个国家与地区的检察机关之地位 / 93

　　二、检察官的职业伦理规则 / 96

　第二节　中国检察官职业伦理规则 / 99

　　一、《中华人民共和国检察官法》(2001)的规定 / 100

　　二、《检察官职业道德规范》(2002)的要求 / 102

　　三、《检察人员纪律处分条例(试行)》(2004)的规定 / 103

　　四、《检察官职业行为基本规范(试行)》(2010)的规定 / 104

　　五、法官、检察官职业惩戒制度的建立 / 105

目录

第三节 中国检察官职业伦理的发展前景 / 107
  一、中国检察官职业伦理的前景 / 108
  二、中国检察官职业伦理的若干挑战 / 110

第五章 律师职业伦理规则 / 114

第一节 各国律师职业伦理规则 / 114
  一、各国律师伦理规则的基本情况 / 114
  二、《美国律师协会职业行为示范规则》介绍 / 119
  三、中华全国律师协会及其伦理规则制定能力 / 123

第二节 中国律师职业伦理规则 / 124
  一、《中华人民共和国律师法》（2007）的规定 / 125
  二、《律师执业行为规范》（2009）的规定 / 126
  三、《律师和律师事务所违法行为处罚办法》（2010）的规定 / 136

第三节 律师职业伦理规则的若干义务 / 136
  一、律师的忠实义务 / 136
  二、律师的保密义务 / 139
  三、律师避免利益冲突的义务 / 142
  四、律师参与公共服务的义务 / 143

第六章 其他法律职业者的伦理规则 / 145

第一节 国外其他法律职业群体 / 145
  一、律师助理 / 145
  二、大型律师事务所的内部管理专家（in-house specialists）/ 147

第二节 中国其他法律职业群体及其伦理规则 / 150
  一、中国其他的法律职业群体 / 150

目录

二、公证员的职业伦理规则 / 152

三、仲裁员的职业伦理规则 / 155

第三节　其他特殊的法律职业群体 / 157

一、法学家 / 157

二、各类法律助理岗位与职业 / 161

参考文献 / 166

致谢 / 171

第一章

法律职业伦理的基本概念

《法律职业伦理》是法学院的一门必修课,在国内还属于新兴学科。作为现代社会中的职业群体,法律职业从业者对推进法治发挥着重要作用;他们之所以能够发挥这种作用,相关的法律职业伦理起到重要的规范与引导作用。目前本领域尚属初创,各方面的意见尚不统一,让中国法治发展的前景也充满了丰富的可能性。

第一节 职业与法律职业

职业是一个现代意义的现象,传统社会中的人们并没有这种概念,更谈不上规范其职业行为的职业伦理规则。传统社会的贵族甚至以从事有报酬的职业为耻,这与现代社会的观念差距颇大,也是习惯以职业为谋生手段的现代人所不能理解的。

一、职业

职业是个日常词汇,不过,它在现代社会中有着明确的含义,并在此基础上产生了多样化的职业伦理规则。现代意义上的职业与职业伦理,与传统社会中的不同,包含了丰富的心理与观念内涵,蕴含着人类长期积累的发展成就。

（一）传统社会中的职业

职业古已有之，就中国古代来说，"士农工商"是"四民"，可以说是早期的关于职业的基本分类，中国古代思想家管子在《管子》一书中对此进行了讨论。① 不过，传统社会中的"业"或"职业"往往是世业，具有某种世袭性特点，"士之子恒为士，农之子恒为农"，并有强烈的身份性。这与现代社会个人可以选择职业的特点明显不同。

不仅中国，国外也有相应的传统职业观念。以印度为例，其种姓制度将人民划分为四个等级（婆罗门、刹帝利、吠舍、首陀罗）②，由于四个等级在地位、权利、职业、义务等方面有严格的界定，在某种程度上也可以看作传统的职业划分。西方封建时期，教会神职人士、贵族、平民构成社会主要的等级，平民又可以分为商人与农民，这也是对社会成员以职业为标准进行的一种划分。如法国思想家对本国状况的批判："从前，第三等级是奴隶，贵族等级是一切。今天，第三等级是一切，贵族只不过是一个词。"③

上述例子都不是现代意义上的职业，而是反映了传统的职业观念，与传统社会相联系。其中，不平等性、社会等级性，以及某种世袭性与身份性，是传统职业的突出特点。

（二）现代职业的产生与分化

现代职业是在传统职业基础上产生的，并随着历史发展而有了进一步的分化，同时获得了新的观念内涵和社会基础。

首先，现代国家的诞生使得现代职业拥有了新的政治与社会空间。

从大的时代背景来说，现代职业的产生与现代国家的出现相伴随。在经历了文艺复兴、宗教改革，尤其是经过拿破仑一世发动的一系列战争对旧封建势力的彻底扫荡，欧洲社会逐步形成了全新的面貌，建立起以民族国家为

---

① 《管子》视士农工商为四民，认为他们都有重要的社会功能。"是故非诚贾不得食于贾，非诚工不得食于工，非诚农不得食于农，非诚士不得立于朝。"参见《管子·乘马》。
② 欧东明：《印度教与印度种姓制度》，载《南亚研究季刊》2002 年第 3 期。
③ [法] 西耶斯：《论特权 第三等级是什么》，冯棠译，北京：商务印书馆，1990 年，第 72 页。

主体的国际新秩序，在世界历史上普遍称其为"西伐利亚体制"，① 此后，经过第一次世界大战，欧洲三大传统帝国解体，各民族国家纷纷从原来的古老帝国内部独立出来，成立自己的民族国家，世界进入了现代社会。

1945年二战结束之后，长期受欧洲帝国殖民和统治的亚洲、非洲和拉丁美洲等殖民地所在国纷纷追求民族独立。到20世纪70年代，基本上形成了目前我们所熟悉的全球政治格局。总而言之，以现代民族国家为基本单位的国家社会形成之后，为现代职业的发展提供了基本的政治与社会空间，国际上平等的民族国家体制与国内公民的平等职业分布，成为战后世界的基本面貌。

其次，生产力与经济发展水平是现代职业的基本依托。

传统职业之所以能够发展成为现代职业的重要原因在于，生产力和经济发展水平的提高，使得社会结构与人们的生产与生活方式都有了变化，这推动着传统职业向现代职业发展。

生产力催生现代职业比较突出的例子要以英国的产业革命为代表。随着蒸汽机的广泛使用、煤与水力的利用，出现了现代工场，生产效率大为提高，新的生产需要使得本来在传统社会中拥有固定位置的人，不断被新产业吸收成为新的工人和技师。此后，城镇化、工业化成为推动社会进步的重要力量，连续不断地在各国引发产业革命，加快了社会经济的发展速度，推动了社会结构剧烈的转型。② 这种发展速度对各个职业的挑战与压力都远远超过往昔。

第三，社会发展代际更替加快，形成了"后喻文化"现象，新兴职业涌现与更迭的速度加快。

社会学家M.米德对现代社会的发展有重要揭示。他认为，传统社会以经验与资历为主导，只有通过长期积累反复练习，才能获得充分的工作经验，社会也才愿意给个人以相应的社会地位。与之相反，现代社会是一个新知识、新技能不断涌现的时代，知识的"半衰期"缩短，年长者需要向年轻

---

① 胡礼忠、邢新宇：《宗藩体系与威斯特伐利亚体系——两种经典国际体系的比较与启示》，载《国际观察》2011年第6期。
② 逄健、刘佳：《摩尔定律发展述评》，载《科技管理研究》2015年第15期。

人学习，而从事不同专业的人可互相学习。由于传统社会与现代社会的这一对比太过鲜明，因而，米德将其概括为"前喻文化"与"后喻文化"。① 前辈教育后辈的社会，是前喻文化社会；后辈教育前辈的社会是后喻文化社会。工业化的基本完成和科技对生活的全面渗透，大大改变了中国社会的面貌，也推进了各类职业的发展。社会发展淘汰了不少传统行业，前一代人在被从旧职业中驱赶出来之后，却不能马上进入新生产行业，因为新行业需要新的知识与技能。职业发展有了新的特征，即新职业基本上只是为新人准备的，老一代面对新机会已无力把握。

不过，传统的观念仍然比较强大，年长者凭资历与经验占居优越地位的制度，仍然对他们起着一定的保护作用。但是，现代生产力发展对现代职业发展的决定性推动作用日益强大和明显，这导致新兴职业产生的速度与规模都远远超过传统社会。职业及其类型都不再是传统社会的静态形象，而呈现出更多、更复杂面貌，需要进行专门的研究。

（三）现代职业的基本特点

现代职业以现代社会的功能分工为基础，具有不同于传统职业的特点。通过上述介绍，我们可以简单地对现代职业给出一个定义，并对其特点进行简要概括。

从词源学研究来看，"'职业'一词来源于拉丁语'professionem'，本意为公开的宣告。在演进发展后，该词成为了对某些行业进行描述的术语。新进入该工作领域的成员们需立誓宣布：他们将投入与这个博学的工作使命相关的理念与实践中去。"② 所谓职业，是指人们通过接受一定的知识与技能训练之后，达到相应的职业准入标准，进入某一专业岗位工作并接受相应报酬、接受相关职业规范约束的专门领域。什么情况下一个岗位可以成为职业？有学者提出了两个条件："较高的教育水平与入行证书。"③ 有的职业可

---

① 金坚：《前喻文化·同喻文化·后喻文化——M.米德〈文化和宗奉〉述评》，载《上海青少年研究》1986年第10期。
② ［美］德博拉·L.罗德、小杰弗瑞·C.海泽德：《律师职业伦理与行业管理》（第二版），许身健等译，北京：知识产权出版社，2015年，第2页。
③ Kent D. Kauffman：Legal Ethics，Canada：Delmar Learning，2004，23.

能要求更高，比如法律职业，"根据美国律师协会一份著名的报告，'职业人员'是指'从服务公众的精神出发去寻求博学的艺术'的人。"①

综上所述，职业具有如下几方面的特点：

1. 承担社会分工角色的功能性

现代社会是一个分工合作的社会，人们在不同的社会空间中，通过自己的选择，获得一定的社会位置，人们互相合作、各自分工，共同承担着推动社会发展的责任。法国社会学家涂尔干对这一特点进行了权威性论述。②

现代社会的特点是，世袭的地位不再保持，人们更多的是通过自己的努力，最终以其经济成就与社会声望获得一定的社会阶级地位。

等级制的特点是地位与职业的世袭制与身份性，一般是通过代际继承，尤其是只能通过血缘繁衍的方式将父辈的社会地位与身份传递给下一代。阶级制度的特点是，在更具平等性和横向分布特点的社会结构中，个人可以通过努力改变角色与身份。社会追求的价值是公平与平等，个人可以通过努力来作出选择，社会也对个人的努力给予有效帮助。现代社会分工使人际角色基本平等，"人人为我，我为人人"，相互分工也相互合作。亚当·斯密关于"看不见的手"的比喻，可以说是对社会分工制度的一个形象说法。不同职业之间社会声望的差异，仍然是存在并应当正视的，职业伦理规则则对此提供基本的规范和指导。

需要指出，受传统社会的影响，传统的世袭制度还有一定的潜在影响，在某些情形下表现得还比较突出，比如法律上的遗产继承制度就能够使父辈将财富转移给子女，社会学家表征这一现象的工具是"社会流动性"概念。③

2. 必须接受基本训练的专业性

专业性是现代职业的特点。在传统社会中，除了统治者之外，学校教育是奢侈的，并不普及。现代国家为了维护国家统治与自我生存，必须要维持公民对政权的认同与支持，并保有一支常备军队，这就需要对国民进行义务

---

① ［美］德博拉·L. 罗德、小杰弗瑞·C. 海泽德：《律师职业伦理与行业管理》（第二版），许身健等译，北京：知识产权出版社，2015 年，第 2 页。
② ［法］埃米尔·涂尔干：《社会分工论》，渠东译，北京：生活·读书·新知三联书店，2013 年。
③ 李力行、周广肃：《家庭借贷约束、公共教育支出与社会流动性》，载《经济学》（季刊）2015 年第 1 期。

教育，从而推动教育普及化，为现代职业的发展提供基本的知识条件。

专业性最早体现在若干少数领域，比如律师、医生、神职人员是最早出现的三大职业，法学院、医学院、神学院也是欧洲大学最早开设的三个学院。最早的教师受教育经历都比较缺乏，因而其专业性也是相对的。改革开放前的中国，人才奇缺，大学生毫无疑问是专业人才，就连中专生也算是专业人才；1998年大学扩招之后，本科生人数激增；2010年之后，中国博士生培养规模不断扩张，硕士生是否属于专业人才也有了疑问；近些年来，中国的海外留学生规模不断扩大，留学生又成为受用人单位欢迎的专业人才。随着各类职业专业性的不断提高，人才培养的规模与速度也大大加快。

当代中国的职业，除少数以传统方式种植的农民之外，基本上都具有明显的专业性。不经历相应的专业知识训练，或在被相关行业接纳之后经历长期的实际工作熏陶，是很难被称为专业人才的。而传统行业提高专业性之后，也有可能成为现代职业，从而吸引优秀人才就业。以保姆为例，过去的保姆就是"看孩子、做饭"，如今社会的发展使其成为一个专门职业——菲律宾就以训练保姆出国劳务作为重要的国家收入来源，"菲佣"继在香港长期服务、建立声誉之后，目前已经在中国内地的中心城市受到欢迎。①

3. 以获得报酬为目的的利益性

在传统社会中各种职业都有其复杂的社会含义，带有道德评价与社会声誉评价的意味。即使是进入现代社会之后，体力劳动与脑力劳动仍然被认为是一种重要的差别。不过，如今这一现象已经改变。公务员、大学教授，其收入水平未必在社会中居于上游，不过，由于相应的社会观念是在长期的历史经验影响下形成的，要改变也同样需要较长的时间。就本书所关注的内容来说，职业已经日益与其社会地位的含义有了脱离。

当代中国，由于社会经济发展比较丰富，各种职业都为人们追求自己的幸福生活提供了可能。这充分表明，一方面，中国社会经过四十年的改革开放实践，获得了长足的进步，各种职业为人们提供了较充分的就业机会；另一方面，人们的观念也在现实的教育下有了明显改变，人们开始进入不同的

---

① 严明、陈锋：《在杭"菲佣"调查及管理之思考》，载《浙江警察学院学报》2009年第6期。

行业，从事各种不同的职业。职业之间带有社会褒贬意味的复杂内涵在逐步减弱。选择某一职业，主要是为了谋生的需求，具有利益性质，社会评价虽然存在但已经削弱。任何职业都是获得利益的中立性的工作场域，这是所有职业的共同特点。

社会学家的研究表明，市场经济越发达的地方，选择进入体制成为公务员的积极性越低。原因就在于，当人们有更多选择时，各种选择之间的差异性就更多地表现为功能性，而不是等级性。

当然，在拥有权力的机关单位工作仍然有许多寻租与腐败机会，也对一些投机者有潜在吸引力。这一现象，可望随着中央反腐工作的不断深入与法治建设的不断推进获得改善。

4. 具有自我评价与规范能力的自治性

职业多样化与专业性使得从业者的工作成就难以简单依靠传统方式进行评价。因此，职业内部自我评价就变得重要起来，而自我评价的普遍化使得各类职业都具有一定的自治性。

所谓职业的自治性，是指从业人员通过内部同行评价的方式（包括外单位同行评价），对从业者的工作成就进行评价。同行评价需要有相应的规则与标准，因而发展出了各种具体的规则与方式。从目前来看，它主要是采取入口管理和日常管理两种方式，包括入口把关的资格准入制与职业日常管理制度，主要是职业晋升制。

资格准入制度是指，从事某种职业要以经历知识学习、技术培训与实地训练之后，通过专门设置的相应职业资格考试获得从业资格。机动车驾驶考试就是比较常见的一种职业资格的准入制度。过去，我国教师和医生职业并无职业准入制度，曾以学历教育代替，今天许多行业都建立了职业准入制度。

职业晋升制度是指规定从业人员晋升的条件、方法与流程等的制度。某一职业的从业人员由于工作成就与职业经验的增长，按照能力与贡献被赋予不同的职业地位。军官的军衔与教师的职称，就是最典型的两种职业升等制度。

就法律职业来说，法官、检察官与律师同时适用上述两种制度，既有国家司法考试这种职业资格准入制度，也有类似于职称的职业等级评价制度。

职业的自治性，出于行业与职业本身发展的需要，就法律职业来说，对从业者行为的约束比其他职业更突出。"自治观念的含义是，作为一种职业共同体，与其他行业不同，共同体的成员们无需依赖任何政府控制就能管理本职业共同体成员的行为。法律职业的这一性质蕴藏于律师协会和法律协会等行业组织之中，蕴藏于协会惩戒其成员不当行为的权力之中，同时也蕴藏于——只要其存在——律师对其他律师严重不当行为进行报告的强制义务之中。"①

总之，现代职业是在进入现代社会之后才发展起来的，既推动了现代社会的发展，也在社会发展中改变着自身的面貌。

二、法律职业

法律职业是现代社会功能分工体系中的一个特殊领域，对现代社会发展具有特殊的作用与影响。法律职业的特殊性，决定了它具有严格的准入条件与职业自律规则，从事法律职业不但需要接受严格的专门训练，而且需要接受法律职业伦理的规范与约束。

（一）法律职业的涵义

所谓法律职业，是法律专业领域所有从业人员的统称，由于他们具备共同的知识背景，因而被公认为具有共同认知的一个职业共同体；按照他们所承担的工作任务与所服务的工作单位的不同，可以区分为如下几种主要的类型：律师、法官、检察官和法学院教师（法学家）。在英、美等国家，lawyer 一词用来指称法律职业所有从业者。"在美国，法官、检察官都是从律师中选任而来，因而'lawyer'一词泛指所有从事法律职业的人员，是广义上的律师。从外延来说，除了狭义上的律师，'lawyer'一词还涵盖法官、检察官甚至还包括法学教授。"② 在俄国，法律职业也有确定的含义："俄罗斯的法

---

① ［美］詹姆士·E. 莫里特诺、乔治·C. 哈瑞斯：《国际法律伦理问题》，刘晓兵译，北京：北京大学出版社，2013 年，第 30 页。
② ［美］詹姆士·E. 莫里特诺、乔治·C. 哈瑞斯：《国际法律伦理问题》，刘晓兵译，北京：北京大学出版社，2013 年，第 3 页，译者注。

律职业包括检察官、出庭律师、公证人和法官。除此之外，还有为公司提供法律服务的非律师私人执业者，这种执业者类似于政府雇用的、为政府机构提供意见但有别于检察官的律师。"①

关于法律职业，需要指出两点：

首先，律师、法官和检察官是公认的法律职业共同体成员，法学院教师是否属于这一群体，则有所争议。

原因在于，这两类群体所从事的工作对象有所区别，律师、法官与检察官工作具有"法律性"，是在接受法律之规范性前提下开展自己的工作；法学院教师，国外也称法学家（Jurist），其工作则具有"学术性"，是对法律与司法实践进行研究与批评，他们的工作并不局限于法律的视野，而且优秀的法学家往往要对法律提出各种批评。如果忽略"法律的"与"法学的"两种立场的差异，就能够将法学院教师接纳为法律职业共同体的成员；如果要强调"法律的"立场，则只有前三者可以列入。"法学的"（Juristic）思维与"法律的"（Legal）思维之差异，也表现在其所使用的概念系统有明显不同。②

其次，律师、法官与检察官三种职业如何排序，也有不同的看法。

根据英美法系的传统，三者的排序是律师、法官、检察官。律师因其在法律职业中的重要性自然而然地排在第一位；法官从更有经验与威望的律师中间诞生，二者具有高度的同质性，法官不过是某一种意义上的律师，即从事案件判断的"中立的律师"；检察官也是某种意义上的律师，即服务于政府、承担公诉职能的"官方雇佣的律师"；检察官的地位更接近于行政官员。大陆法系国家的法律传统中，诉讼程序为纠问式，采取职权主义立场，③ 因而，行使官方权力的法官相对律师居于优越地位，律师只能居于法官之后。因而，大陆法系国家法律职业的排序为：法官、检察官、律师。

在中国来说，由于检察体制的特殊性质，法官与检察官何者更为优越，

---

① ［美］詹姆士·E. 莫里特诺、乔治·C. 哈瑞斯：《国际法律伦理问题》，刘晓兵译，北京：北京大学出版社，2013 年，第 12 页。
② 李旭东：《论法律概念与法学概念的区别》，载《哈尔滨工业大学学报》（社科版）2015 年 3 期。
③ 陈杭平：《"职权主义"与"当事人主义"再考察：以"送达难"为中心》，载《中国法学》2014 年第 4 期。

哪一个应当排在前面，也具有一定的争议：从以往的传统来看，中国更近于大陆法系；从近年的发展进程来看，则向英美法系学习较多。因而，当代中国的法律系统具有某种综合性的特点，其法律职业的定位正在发展之中。本书认为，目前这两种排序方式都可以接受，在实践未作出选择之前，可以兼而存之。

第三，在上述四类职业之外，还存在其他一些法律职业。

除上述法律职业外，中国还有另外一些法律职业：公证员与仲裁员；企业的法律顾问；政府的专职法律工作人员（在此，政府取广义，它包括人民政府的各级法制工作部门，各级人大常委会的法律工作专门委员会工作人员，在政府不同部门内部的法律专门工作人员。这部分人员构成比较复杂，工作内容差异也比较大，值得更多地讨论）；各级法学会内的法学专业工作人员。其中，最突出的是公证制度中的公证员与仲裁制度的仲裁员。

其他法律职业相当程度上是一种历史现象。在改革开放之前，中国社会工业化任务未能完成，职业的发展尚不具备相应的社会条件，因而，职业的专业性比较弱，各单位和系统只能让不够专业的人员来承担相应任务。比较突出的例子是中国历史上曾长期执行的复员军人到法院工作，就是无视法律职业之专业性的突出现象。这一现象经法学家批评后，才有了明显的改变。这些所谓的"其他法律职业"，也应当获得职业准入资格才可以从事相关工作，随着法治发展的进程，这应当是可以预期的前景。

（二）法律职业的特殊性

法律职业在现代社会中具有特殊性，对现代社会的维持与运行发挥着特殊作用。法律职业的特殊性具体体现在以下几方面。

1. **法律性：法律上的权利义务，是法律职业的基本工作内容。**

所有的法律职业，包括法官、检察官、律师与法学家，他们所从事的工作都有一个共同点，即以法律上的权利义务作为其工作内容。法律性，是法律职业的首要特点。

现代社会是一个以规则治理的社会，而法律职业就是一个"规则治理的事业"（富勒语）。规则治理，不仅包括官方制定的规则，也包括民间社会自行运行的各种习惯与行规，它们都得到当事人的尊重，也可能被法官裁判所借鉴。这些知识涉及具体的利益与权利的争议，都比较专门和琐碎，并非普通人可以根据常识所能轻易判断，这就使得法律职业的专业壁垒日益增高。

因此，涉及专业事务，人们最好寻找专业的法律服务，才能获得有效的帮助。这一现实也是法律职业从业者必须接受专业法律教育的原因。

2. 正义性：以帮助当事人实现自己私人利益的方式，实现社会的正义与公平。

规则本身是中立的，更为熟悉规则的人可能因其能够更精明地利用规则，从而导致在规则之下对某些当事人的严重不公。不少文艺作品都对这种现象比较敏感，也对法律治理中的这些问题提出了尖锐批评。

不过，法律治理作为规则治理的领域，并不允许这种情况出现。虽然法律治理鼓励当事人通过规则进行社会合作和各种事务活动，但是故意地曲解规则并不受法律的鼓励与保护；相反，法律会通过原则的方式授权法官对相关争议作出公正裁判。美国法学家德沃金教授在《认真对待权利》中对原则超越于规则之上的功能进行了有力阐述，成为支持法官实现公正的重要理论依据——那些所谓法律规则帮助"坏人"、律师帮助有权有势的"坏人"的观念，是不能成立的。法律在个别情况下可能给"坏人"提供了机会，不过，就其整体的治理效果来看，法律始终是维护正义、实现公平的最佳制度。法律职业从业者本身也始终保持着这种信仰与追求。

3. 信托性：接受当事人与公众的职业信用托付，忠实履行职业义务。

任何职业在社会中的权威地位，一方面要靠它拥有的高度专业的知识，人们必须信赖于它；另一方面则离不开它在实践的专业操作中形成的社会公信力，即人们能够对它保持高度信任。虽然人们对法律专业并不了解，但人们能够信任其专业工作是为了自己的利益。从职业在社会中的存在特点来看，任何职业都只能通过维护客户与公众的权利与利益来取得和发展自己的利益。

法律职业的信托性是指，各法律职业都接受当事人与公众的职业托付，以其专业性的职业技能为特定当事人或公众服务，并获得某种特权以保障其履职能力。由于这种特权是以其传统的权威性与声誉为基础的,他们已经具备相应的信用基础,能够比较容易地获得社会的委托与托付。

普通人虽然能够努力掌握某些专业知识,但在现代社会中,人们不能不依赖专业人士的专业素质及职业操守。一个职业一旦建立起权威的职业信誉,就成为整个职业群体的共同利益,该群体也有动力捍卫自己的职业形象,因为这与他们自己的利益是分不开的。这就是伦理规则存在的内在动力。

现代社会的特点是人们出于自利的动机来利他,在自利的同时才能更好地利他。片面倡导利他的道德,固然有其意义,不过不能反映现代社会得以运行的基本规律;廉价地做好事,不能取代各个专业的职业群体之存在及其专业性的逐利活动。

(三)法律职业与法律教育

法律职业是历史最为悠久的职业之一,在进入现代之后重新获得了现代精神。现代法律职业是与现代法律教育相伴随发展壮大的,二者的关系值得讨论。

古代的法律职业较早通过法律教育实现了专门化。法官职业是最早实现专业化的职业,古罗马的智者教人法庭辩论与诉讼技能,这是最早的专业化法学教育,当然它只是私人性、民间性的教学方式。① 到古罗马时,法学家已经成为地位非常显赫的社会职业,受到人们的尊敬。一些著名法学家甚至获得了后人再也无法企及的成就,其著作可以被法官作为法律渊源进行援引。②

大学的历史比较早,如果不考虑柏拉图的阿加德米学园,可以以中世纪大学为其最早的直接渊源。中世纪大学最早设立的三个专业是:医学、神学

---

① 有一则流传较广的轶事,古希腊的智者普罗泰哥拉教学生欧提勒士学诉讼,约定学生在其第一个案件胜诉之后,即付学费。不过学生迟迟不打官司,老师就一直没有收到学费。于是老师起诉学生。老师认为:如果官司赢了,根据判决学生应当付费,如果官司输了,则按照合同,学生也应当付费。不过学生的观点是:如果官司赢了,根据判决当然不付费;如果官司输了,根据合同,也不用付费。参见陈波:《逻辑学导论》,北京:中国人民大学出版社,2003 年,第 32 – 33 页。
② 谢冬慧:《法学家的力量——评西方法学家对法制发展的贡献》,载《法学评论》2007 年第 4 期。

和法学。法学在大学各学科中具有悠久的历史与比较特殊的地位。至今美国大学各研究院中,医学院、法学院仍具有特殊地位。

从当代的情况来说,法律教育推动了法律职业的发展,主要表现在如下方面。

1. 法律职业的专业性要求从业者须接受法律专业教育

传统社会的法律教育虽然也已经专业化,但那只是在当时的社会条件下相对而言,与今天的学科专业化程度还是不能相比的。即使是著名的《民法大全》,在现在看来也显得并不那么艰深难懂,已经成为接受大学法学教育者的公共知识。所谓法律职业的专业性是指,在现代社会的条件下,法律职业成为各类职业之中分工更为细密、知识更为复杂的专业,必须接受专门的、长期的教育才能获得足够的知识准备。

美国法学院普遍以一个专门的法律图书馆为基本的教学设施,对其他专业的人员来说是难以跃过的专业壁垒。这一现象明显不同于其他的人文与社会科学的情况。英美法系判例法传统对此有重要影响,但更主要的还是现代社会的规则日益丰富与细密,非专业人士已经不能以业余爱好完成专业性的教育。因此,法学院成为提供法律职业从业者完成专业训练的基本的社会建制。① 如果说,中国改革开放初期,许多人可以通过自学来完成法学自修而成为专业人士,在今天这种可能性就越来越低了——职业与知识的专业性大大提高了,外行所遇到的职业壁垒也日益增高。这在总体上应当视作一个积极现象。

2. 法律职业准入考试不能完全代替法学院教育

当代中国法学教育,受苏联教育制度的影响比较深,它主要是在大陆法系传统的影响下建立起来的。改革开放以来尤其是 1992 年之后的法学院则更多地受到美国的影响,这导致了当代中国法学教育的复杂现象——法学通识教育与法律职业教育的冲突。

接受大学教育的学生,就学时进入某一专业就读,毕业时获得相应的文凭;但从事某些职业还需要通过参加相关考试来获得职业准入资格。学业考

---

① [美] 罗伯特·斯蒂文森:《法学院:19 世纪 50 年代到 20 世纪 80 年代的美国法学教育》,阎亚林等译,北京:中国政法大学出版社,2003 年。

试由大学负责,职业准入资格考试则由国家专门的考试机构负责,这导致大学的法学教育面临一个困境:怎样组织法学教育,是以法学院自身的知识系统为准,还是以职业考试大纲为准?现实情况是,不少办学水平相对薄弱的法学院系直接将专业教学与职业资格考试对接,实际效果还相当不错;而一些办学水平较高的法学院因不肯迁就国家统一的司法考试制度,其结果是学生的就业并不占优势。这一矛盾现象,需要通过相应的教育制度改革予以化解。

虽然法学院目前的教育未必符合或达到通识教育的要求,但它确实超越了过分狭隘的职业教育。法学院作为法律职业知识基地的功能,不是法律职业准入制度所能代替的。其未来的发展方向尚不确定,需要等待实践的进一步发展。①

3. 法学教育与研究对法律职业的发展具有保障与监护作用

法治昌明、法律事业发达是所有法律职业者的利益与事业所在。所有的法律人,都是法治事业的受益人。只有真正依法办事,法治发达,法律人才有职业的尊严。法律类公务员才能按照《法官法》与《检察官法》获得其独立的身份尊荣。② 另一方面,只有统一的法学教育,才能为法律职业提供共同的观念、知识、话语与技能,从而形成一个具有高度认同、内在统一、操作熟练、专业高效的法律职业共同体。

法学院与律师协会之间的互相沟通对于促进法学院教育的发展有着积极作用。美国律师协会对美国法律人的技能与价值观经常提出意见,对美国法学院的教育有着积极的促进作用。例如,"美国律师协会的一个法学院与法律职业特别工作组在 1992 年曾发表了一份颇具影响力的报告——The Mac Crate Report,该报告归纳了'一名训练有素、专业称职的法律职业通才'必须具备的十种核心技能和价值观。'律师的基本技能'概括了几乎所有法律

---

① 美国法学院主体教育是 JD(法律博士),它并不存在如中国这样的法学本科教育,其入学人员要求具备其他专业的第一学历,法学不可能成为美国法学院学生的第一学历,因为美国没有法学本科教育。因此,JD 学生的程度相当于中国的硕士研究生。这也是中国法学教育向美国学习时所难以完成相应跨越的原因所在,中国法学院是对高中程度的学生开始进行法学专业教育,美国法学院是对大学毕业程度的学生开始进行法学专业教育。但近年来法学教育改革处于停顿,前景如何尚不确定。

② 许章润:《论现代民族国家是一个法律共同体》,载《政法论坛》2008 年第 3 期。

执业领域均适用的一些服务功能：（1）解决问题；（2）法律分析与推理；（3）法律检索；（4）事实调查；（5）沟通；（6）提供咨询；（7）谈判；（8）诉讼与替代性纠纷解决机制；（9）法律工作的组织管理；（10）职业伦理困境的识别与解决。'法律职业的基本价值观'是律师执业道德的基本规范，它要求律师：（1）提供称职的代理；（2）致力于推动公平、正义和道德；（3）改进法律服务业；（4）提升自身专业素养。"[1] 法学院教育除了提供专业知识与能力外，还要提供职业伦理方面的教育，才能培养合格的法律从业者。

法学院及法学教育对法律职业的发展提供了统一的知识、话语与观念，对法律职业发展具有重要的监护作用。可以说，法学院所从事的法学教育是维持法律职业共同体的重要制度载体。

第二节 伦理与道德的概念

伦理与道德是伦理学的基本概念，它们的含义与用法对伦理学各个问题的讨论都具有基础性的影响。

一、伦理与道德概念不同

什么是伦理，什么是道德，传统的讲法会以对中外语言的词源探究的方式进行讨论。不过，根据现代语言哲学的观念，"意义即用法"，真正理解一个词的意义要从它的实际使用方式来判断。

我们一般会评价某种行为"不道德"，但并不将之评价为"不伦理"；随地吐痰不道德，但没有违背什么伦理；伦理显然涉及一定的关系，道德则可以包括独立个人与自己的关系。做一个坏人，是对自己的不道德，但由于与他人无关，可能谈不上不伦理（中国传统观念会认为丢了父母的脸，是将其作为一个伦理问题看待的）。儿子对父亲不礼貌，会认为是违反父子相处的伦理规范，但说它违反道德则显得严重了。恩格斯认为："如果说只有以爱

---

[1] [美] 德博拉·L. 罗德、小杰弗瑞·C. 海泽德：《律师职业伦理与行业管理》（第二版），许身健等译，北京：知识产权出版社，2015年，第291页。

情为基础的婚姻才是合乎道德的，那么也只有继续保持爱情的婚姻才合乎道德。"① 以此为标准，一些"乱伦"行为可能才是符合道德的。这一观念对许多将非血亲家庭成员之间的性关系视为"道德败坏"的传统伦理道德观念具有强烈的冲击，这也说明伦理与道德的确存在明显的差异。

显然，道德承担着某种超越性、抽象性的评价功能。我们会将某些事情视为不符合（某种）"伦理"，因而会引起舆论批评；但这类事情，又可能不好说是"不道德的"，因为缺乏作出该种判断的权威性道德标准。比如，不同伦理群体间对于妇女堕胎问题的争议、不同宗教团体对于动物权利的争议等。这说明，伦理不像道德那样具有一种超越的立场，而是非常情境化或境遇化的立场与判断，它不是一种超越性的评价尺度。个人本位的、超越性的规范立场与群体本位的、境遇性的规范立场，可能是与道德、伦理两种规范的重要差异所在。反对一切战争，是一个人站在个人立场的一种超越性道德态度；而对于卫国战争的态度，则需要明确地站在个人所属群体的伦理立场上采取一种伦理态度。一般来说，个人必然属于某一或某些群体，其道德态度与伦理态度就难以作出明确的区别。

二、伦理与道德的历史发展

伦理与道德经历了一个与社会发展相伴随的发展阶段，这一历程可以概括为"身份伦理—抽象道德—角色伦理"。对当代中国来说，个人独立的历史任务尚未完全完成，新的社会伦理建设的任务又相当迫切，需要对抽象道德和角色伦理同步建设，套用法律史学家梅因的表述，可概括为"由身份到契约""由契约到角色"的同步推进。

在历史上，约束人们的规范发展历程表现为如下的轨迹：身份伦理—抽象道德—角色伦理。

第一阶段，是身份性伦理阶段。

传统社会是一个共同体社会，也是一个伦理社会、礼俗社会。在此社会中，个人没有独立的地位，没有独立的权利，但也没有独立的责任。共同体

---

① ［德］恩格斯：《家庭、私有制和国家的起源》，《马克思恩格斯选集》第4卷，北京：人民出版社，1972年，第78－79页。

一方面压迫束缚个人，同时也对个人提供保护和培养。个人在此共同体中成长起来，获得地位和身份。不过，由于共同体规模有限、资源有限，无法给予个体更多的自由选择，只能按照既定的规则来分配资源，分配的标准按个人的身份来进行。个人的权利义务与其身份密切相关，需要遵守的社会规范是与其身份相联系的"身份伦理"。这就是我们熟悉的旧伦理。"五四"时期对旧伦理的批判基本上是在这一意义上展开的，它要求尊重独立个人的人格与自由权利，反对家族、家庭对个人施加过多的压迫与控制。

第二阶段，是抽象的道德阶段。

这是一个过渡性质的阶段，个人独立的历史任务一旦完成，马上就要解决个人重新找到新的群体归属的任务。

对个人来说，从大的共同体中独立出来，获得了独立的个体地位，是一种解放。他不再受固定的社会与伦理身份束缚，开始以自己新的人格独立于任何固定集团的约束，体会到独立人格的自由和解放。同时，他也意识到其他个体与自己具有同样的社会主体资格，他们共同接受同样的抽象规范的约束，这就是仅仅与其抽象主体资格相联系的"道德"规范。用康德的话来讲就是："这个令人萌生敬意的人格观念呈现于眼前，使我们发现自己天性的崇高（在它更高的方面），但另一方面它又促使我们知道自己还有缺点，于是努力去调整自己的行为，以便适应这个崇高的'人格'。"① 康德比较乐观地相信人的理性，认为人会对自己提出高尚的道德要求，并主动承担起做一个好人的道德义务。他说："如果让所有的事情都仅仅取决于义务的神圣性，并且意识到，我们所以能够这样做，只是因为我们自己的理性承认这是它的命令，并且说，我们应当这样做，那么，这仿佛就是把自己高举起来，超越了感性世界"。② 因而他认为，人应当遵守这一普遍命令："责任的普遍命令，也可以说成这样：你的行动，应该把行为准则通过你的意志变为普遍的自然规律。"③ 当然，现实中人性的复杂性远远超过哲学家的理想化预期，人不仅

---

① ［德］康德：《实践理性批判》，龙斌等译，载《康德文集》，北京：改革出版社，1997年，第232页。
② ［德］康德：《实践理性批判》，龙斌等译，载《康德文集》，北京：改革出版社，1997年，第310页。
③ ［德］康德：《道德形而上学原理》，苗力田译，上海：上海人民出版社，2005年，第40页。

有理性，还有情感和复杂的欲望，这始终干扰着人走向高尚，不能成为一个纯粹理性的存在者。但呼唤人的独立和自由、解放的启蒙哲学，给抽象人格提供的恰恰就是这个希望个人能够意识并主动接受的抽象道德。

第三阶段，角色化的伦理阶段。

个人的独立，一方面使得传统社会结构解体，但社会同时也在新的社会主体及其活动基础上开始重塑与再造。以独立的个人及其之间的各种联系为基础，社会重新获得了新生，所有个人从未仅仅以原子式的方式存在，而是发生着各种复杂的联系，包括仍然具有影响的传统联系方式；所有这些联系又共同重新组织成为一个丰富而多元的现代社会。

现代社会是一个由自由个体的交往和活动不断重新塑造的社会，社会关系既在个人活动中不断巩固和维持存在，同时也在个人的活动中持续更新与发展变化，个人不断地进入自己熟悉的场域，也不断地被迫参与自己未必熟悉的生活。人们越是不停地活动，也就越是给自己创造出一个越来越陌生的社会与世界。对新生活的主观期望、追求，需要适应迅速变动的生活的客观要求，都对个人造成了紧张与压力。在多元化的社会空间之中，人们开始以角色扮演的方式，同时介入多个生活场域，同时承担不同的社会角色。今天表达这一现象的词汇"斜杠青年"（一个人同时有多个社会角色，介绍其人时需要以斜杠来隔开各个角色），就很好地表达了人在当代的角色生存与角色伦理的时代背景。

伦理—道德—伦理，其中的发展演变比较复杂，而不同时期的伦理关系在共同以特定身份为基础的同时，则有着各自不同的特点。新伦理是在新道德的基础上发展起来的，因而不能将新伦理等同于旧伦理。

三、伦理与道德认识困难的原因

人们对伦理与道德的概念理解比较模糊，造成了许多困难，在法律职业伦理领域中也有不少含糊不清的观念。原因主要在于，中国正处于从传统社会向现代社会转型的剧烈进程之中。处于此历史转型过程之中，新旧之间有着复杂的相互关系。

首先，批判旧的身份性伦理关系不应拒绝现代伦理关系，此伦理非彼伦理。传统社会中，个人受到本质性的伦理规范，要做与自己身份相符合的事；在现代社会中，个人受到的伦理规范则是角色化、场域性、境遇性的，是在不同游戏规则中承担社会分工功能的"角色扮演"。进入特定场域，则特定伦理规则开始生效；离开该场域，则与该角色相联系的伦理规则不再存在。一个人可能同时或间断地扮演多种角色，同时具有多种不同的"身份"，并受到多种伦理规范的约束。法律史学家梅因把个人从共同体的独立过程，概括为"从身份到契约"，那么，我们可以将个人在现代社会中进入多个不同场域参与不同游戏、扮演不同社会角色的现象，概括为"从契约到角色"。身份是本质性的、固定的、难以改变的、与个人生命相伴始终的，角色是场域性的、情境性的、可以根据情况出入的、未必会彻底伴随个人生命周期的。

其次，职业伦理是现代伦理关系中的主要表现之一，需要与现代社会共同发展。共同体中的身份伦理，表现为一种总体性的本质性约束；现代社会中的角色伦理，表现为一种多元化的角色扮演，接受的是随时随地可自由变换、自由出入的与角色相联系的境遇性、情境性伦理规范。虽然是角色担当，但由于它毕竟是一种社会活动，而且也涉及各种社会利益和资源的分配，它仍然是严肃的；虽然是一种"游戏"，但仍然是严肃的游戏，它也要求参与者遵守游戏规则，承担好自己的责任与义务，扮演好各自的角色。人们在不同的职业岗位上受特定职业伦理的约束，在非工作性场域中活动时会受到相应伦理规范的约束，各场域皆有各自的规范。在种种规范中，我们为生活所塑造，也在塑造着自己的生活。角色多元的伦理中，职业伦理可能是比较突出的一种，它已经放弃对从业者个人道德品质方面的过多要求，避免了难以解决的道德争议，以职业操作的路径确立起各个职业的伦理准则与规范。空姐的职业式微笑、律师的职业活动、客服人员的职业尊重，远远不必与社会交往各方的个人道德相关联，相反，它表现出一种"非道德"的特质。①

再次，道德标准的个人化、内向化与伦理规则的公共化、外在化是一个

---

① 李学尧：《非道德性：现代法律职业伦理的困境》，载《中国法学》2010 年第 1 期。

同时发生的进程。一方面,道德规范因现代社会生活环境的多元化,导致个人选择具有了更多的可能性。统一的道德尺度难以维持旧时的权威,从而表现出道德标准的个人化、内向化。道德更多地体现出个人选择的特点,也更多地属于个人性的成就。其次,伦理规则开始对现代社会的整合与重建发挥重要作用。处于由身份社会向契约社会同时也向角色社会转型的历史大过渡中的当代中国,需要同时完成"由身份到契约"与"由契约到角色"双重社会历史进程。[①] 在当代中国,法治国家的建设需要结束身份伦理,全面解放个人,同时也需要在赋予个人独立地位和全面的自由权利之后,重新建立各个场域的游戏规则,以角色伦理来规范社会不同领域。这两种任务看似矛盾,但实质上具有同样的积极建构意义,它的成就尚在值得期待的未来。

目前,中国正处于社会转型时期,人们既面临旧伦理与新伦理的冲突,也感受着道德与伦理作用范围不同的冲突。不同阶层、不同观念、不同生活的人们被挤压在同一时空尺度中,相关的观念冲突就表现得更为剧烈和明显。

第三节 职业伦理与职业道德的概念

本节讨论职业伦理与职业道德的概念。

职业伦理,是现代社会各类职业得到发展之后,所发展起来的职业内部自我管理、自我治理的现象。由于中国社会的现代化进程始自20世纪70年代末,社会各方面的制度建设只有不长的历史,中国社会各类职业的发展也缺乏足够的时间来沉淀相应的制度并形成相关传统。不少旧的模糊观念还在影响着制度的发展。

一、职业伦理的概念及其特点

职业伦理,是指职业群体内部所自然形成并有意识地自觉遵循的职业性

[①] 谢遐龄教授对中国社会的观察可谓洞察入微,他指出:"在公民社会,一个处长离开本单位,在社会中只是一个公民。而在当代中国,一个处长在全社会都是处级干部,……他的职级有着社会地位的意义,因而构成社会等级。"谢遐龄:《马克思主义与儒学——我们是否处在经学时代?》,曾亦、唐文明主编:《中国之为中国:正统与异端之辩》,上海:上海人民出版社,2012年,第19页。

行为规则。它以维持职业的专业性水准、保障职业服务对象的权利与利益为基本目标，通过明确而系统的自治性规则来约束同行之间的职业行为方式，并按照相关程序对违背职业伦理规范者进行相关的制裁。因而，职业伦理是一个具有丰富内容的现代制度。

作为系统的制度设施的职业伦理，主要内容包括如下方面：

一是职业伦理规则或职业行为规范。它规定了从业者基本的职业行为的伦理标准，尤其对一些容易引起争议并对职业利益有影响的行为有明确的规定。

二是职业伦理争议解决机构，违反职业伦理规则并不是一个单纯的道德问题，不能只是道歉之类就能了事。任何高度发达的职业群体，都不允许自身群体内部出现危害本职业群体利益与声誉的事件发生，它会建立相应的调查机构与违规处理机制，给予受到质疑和投诉的相关人员以相应的辩白机会，在完成调查之后给予违规者以相应的制裁。最严厉的制裁一般是将违规者清除出本职业的行列。

三是将职业伦理作为职业准入的必要知识内容，使其成为本行业专业化建设的基本知识装备。当代中国各职业的职业伦理发展都处于比较低的水平，原因比较复杂，不过可以预见的是，中国各职业群体都将积极发展自身的职业伦理规则并建立相应的制度保障，以更好地维护自身的职业声誉与职业利益，同时客观上维护作为服务对象的公众的权利与利益。

四是作为学术建制之有机构成部分的学科与课程。相应的学科研究领域与作为教学内容的课程之体制性地位使得职业规则保持了与职业界的密切联系，这是保障其学术贡献发生现实影响并维持发展动力的重要条件。

从前面的论述来看，职业伦理具有如下特点，可以将其概括为几条原则：

一是专业原则。职业伦理是现代职业的从业基本规范，由于现代职业本身的知识性与专业性，决定了非专业人员难以了解、洞悉特定专业内部的关键环节与技术细节；同时，只有真正解决问题的伦理规则才有现实意义。因此，职业伦理规则具有高度的专业性。在哪个环节、哪些行为是适合的，哪些行为是不适合的，从业者应当如何做出自己的选择？这些都需要专业的研究。而职业伦理规则提供了这些内容,对迅速提升从业者的专业素质具有积极的帮助。

二是中立原则。现代职业是在社会分工功能体系之中的职业,镶嵌在复杂的社会分工体系之中,并发挥着自身的专业性功能。对它们来说,只存在是否专业的问题,而不应当考虑普通人的简单道德判断。比如,律师为犯罪嫌疑人进行辩护,在传统观念中,律师是在帮"坏人"说话,律师为什么要为"坏人"说话?这种无谓的问题深深地困扰着传统观念中的人们。而在法律规则确立之后,法无禁止即自由,人们可以自由地从事自己的事业,自由地选择自己的行为,当侵犯到公共秩序或他人利益之后,通过律师来确定其行为的边界并承担相应的责任即可,他人并无道德指责的余地。① 因而,有论者将职业伦理的特点概括为"非道德性",亦非无理。② 不过,在此笔者不愿意采取"非道德性"的表述,这一讨论将比较复杂,在此仅仅指出职业伦理的"中立性"。

三是自治原则。所谓职业伦理的自治原则是指,职业伦理主要是职业群体本身为维护其自身在现代社会中的权威性专业地位而主动地、自觉地发展起来的一整套职业伦理与行为规则。它不是外部所强加的,而是职业群体主动的选择。这样的自治性使得特定职业更能维系其专业标准,更能树立其权威性形象,并充分保障从业者获得其所服务群体的信赖,从而对本职业群体的发展提供最为基础的前提条件。它是从业者在利己基础上发展出来的利他规则,明显不同于"社会主义精神文明建设"语境所理解的那种"职业道德"范畴。

四是法治原则。前面所述的专业、中立、自治,都强调了特定职业从业群体维护自身专业性、权威性以及与之相关的利益性的特点,不过,在法治社会中,职业伦理本身同样需要符合法治精神,职业伦理不能越出法律的边

---

① 这不是说现代社会不存在道德规范与道德责难,而是说,道德发挥其作用的空间与特点与传统社会相比有了明显区别。在此简要说明如下:一方面,道德多元的现实使得道德共识日益不具有传统社会中的权威,因而并不存在可以对他人进行道德评价与道德责难所需要的确定的权威性立场;另一方面,现代社会的私人性特点与对隐私权的保护,使得他人日益难以知悉相关情况,也难以获得进行道德评价与道德责难的超然地位。

② 李学尧:《非道德性:现代法律职业伦理的困境》,载《中国法学》2010年第1期。

界。任何职业对从业者违规行为的制裁过于严厉，越出法律的边界，都是不被允许的。因而，法治原则是所有职业伦理规则所必须符合与遵循的基本原则，任何组织与职业的职业伦理规则均不得违反法律，不得对违规者施以现代法治标准之外的制裁与惩罚，即使是当事人自己同意，也属于非法。这就使得职业伦理与传统组织或行会之内部"清理门户"的做法划清了界限。现代社会中，所有人的第一身份是公民，一切规则都要遵守宪法与法律，任何组织与个人都不被允许有超越宪法与法律的特权，职业伦理规则也必须符合法治标准。

二、关于职业道德概念的讨论

选择"职业道德"还是"职业伦理"的提法，不只是一个术语选择问题，这体现出研究者与立法者在观念上的巨大差异。关于职业道德，可以提出如下认识。

（一）职业道德属于社会主义精神文明建设的范畴

职业道德属于社会主义精神文明建设的范畴，较早的伦理学教材对职业道德有所界定："所谓职业道德，就是同人们的职业活动紧密联系的、具有自身职业特征的道德准则、规范的总和。"[1] 总之，这是一个更接近思想观念范畴而非制度建设范畴的概念。

前述关于伦理与道德概念的讨论已经说明，伦理与道德明显不同。伦理是一个身份性、境遇性概念，道德是抽象性、私人性概念。道德是由主体自身根据自己的道德认识所作出的行为判断，判断一个行为是否符合道德价值，核心标准在于其是否具有道德动机。"虚伪""伪君子"等词汇的存在，表明人们其实对动机不同而行为相同的现象之本质差异，是有着清醒认识的。美国学者明确区分了法律、伦理、道德三个概念，将其置于一种既相关又联系的位置上，比如有观点认为："'法律'与'道德'处于规范轴的两个极端……'伦理'就处于它们两者的中间。"[2]

---

[1] 罗国杰：《伦理学》，北京：人民出版社，1989年，第246页。
[2] Geoffrey C. Jr. Hazard: Law, Morals, and Ethics, S. Ill. U. L. J. 1995, (19): 453.

（二）法律领域宜以"职业伦理"代替"职业道德"

笔者认为，"职业道德"一词应当逐步为"职业伦理"所取代，使各现代职业都能发展其自身的专门职业伦理规划。原因在于，在现代社会，职业行为本身难以进行道德评价，并无对其进行道德评价的权威机构。各种职业都是现代社会分工中的一个专业工作类型，没有哪个职业比其他职业更道德或更不道德，各种职业行为也难以首先从道德角度来进行评价。虽然任何职业中都有着道德境界不同的人与行为，但首要的判断标准并不是道德尺度。退一步讲，如果说其他职业领域有着比较强烈的人文性与道德性特点，法律领域则体现出比较强烈的"非道德性"，律师的忠实义务要求律师忠于委托人的利益，并不考虑委托人委托事务的道德评价问题。在法律领域应当以"职业伦理"取代"职业道德"。

上述认识往往会遇到两种责难：

其一，从业者可以"不道德"吗？"非道德"不同于"不道德"，不进行道德评价不等于同意与允许不道德行为。"今天是阴天"，这一判断并非道德判断，但不能因此说它是个支持不道德行为的判断。美国有学者强调了法律职业行为的"非道德"（act amorally）而非"不道德"（not immorally）特征。[①] 非道德乃是与道德无关的，不道德性乃是违反道德规范的。在此意义上，笔者认为律师"仅仅是客户的工具"，"人们应该强调律师的道德中立性，将其从非道德性的困境中解脱出来"。[②] 如果看到，律师的"非道德性"职业伦理其实在制度层面维护了所有个人在司法制度与法治中的平等地位，实现了法律上的公正，它具有相当大的道德功能。

其二，提倡人人都在职业中做个有道德的人，这总没错吧？

首先，对于任何一个现代职业来说，其从业者的行为只要达到并符合其基本的职业伦理规则标准就已经足够了。当代中国现在的突出问题是许多职业缺乏足够的伦理规则，从业者的行为甚至与伦理规则相背离，职业伦理的

---

① Frederick A. Elliston：Ethics, Professionalism and the Practice of Law, Loy. U. Chi. L. J. 1985, (16): 529.

② Frederick A. Elliston：Ethics, Professionalism and the Practice of Law, Loy. U. Chi. L. J. 1985, (16): 544.

建设任务尚且非常艰巨,更不必说追求更高大上的目标。事实上,我们并不能因为一些人标榜自己如何毫不利己专门利他,就会认为其对社会的道德现实真有什么贡献。

其次,道德本身是个人性的追求与成就,不宜搞成社会运动。只有出自善良动机的自觉自愿的道德行为,才真正闪耀道德的光辉,也才能真正改善社会的道德现实,提升社会的精神文明程度。

(三) "道德规范"在职业伦理规则中仍有其地位

道德问题主要属于个人私域,取决于个人的道德选择,不应当受到他人的过度干预。这是职业道德向职业伦理观念转变的学理依据。不过,在接纳了职业伦理的观念之后,个人道德及相关的道德规范并非绝对受到排斥,与职业行为关系密切的一些道德要求将被纳入伦理规则之中,使其伦理规则化。

首先,各法律职业从业者本身都承担着相应的职业责任,也包括道德责任。例如,法官与检察官的个人私德对于国家司法权的形象具有重要影响,他们应当承担起维护法治、促进法治的责任,注意约束自己的言行。人们更容易对德高望重的法律职业人士建立起信任感。

其次,伦理规则本身可以具有道德价值,道德规范本身并不受到伦理规则的排斥。强调职业伦理规则的非道德性,不是说它不能允许道德规范的存在,而是说它的主要性格与特点不应当是道德性的,而必须是规则性的与道德中立的,即"非道德"的。在此基础上,职业伦理规则可以包容一些道德规范。更准确的说法是:有的职业伦理规则本身作为伦理规则的同时,也可以继续保持其道德内涵,同时维持其作为道德规则资格的属性。这就使得职业伦理规则既具有"法律性",也体现一定"道德性"。某些规则同时在法律领域与道德领域有其地位,同时具有双重资格,这种现象是可以理解的。

从国外的情况来看,个人私德虽然大多情况下属于私域,但在特定职业中则未必完全如此。J. M. Kelly 提出了四个层次的法律职业伦理的内涵,一是与委托人相关的职业协议基础上规则,这是第一伦理;二是具有"开放结构"的伦理规则,这是第二伦理;三是社会对法律人所持的正义标准,这是第三伦理；最后是传统上认为属于法律人私德的部分，这是第四伦理。① 这些不同层次的职业伦理表明，法律职业伦理的内容本身具有层次性，并且具有较丰富的发展前景。这也是法律职业伦理规则可能会对法律人的私德提出要求的例证。事实上中国法官、检察官的伦理规则也对此进行了明确规定。因此，虽然我们强调伦理规则应当回归伦理性而远离道德性，但个人的道德修养既可以以伦理规则的角色被职业规则所接纳，也仍然可以以个人私德的角色而受到相关利益方与社会公众较严格的期待。

本节讨论结束之后，"职业道德"术语可能还会因为语言惯性而在有些领域继续使用。不过，在《法律职业伦理》课程中完成了相应的讨论，法律人自身明辨是非的能力得到提高，本课程的目的也就达到了。

本章思考题：

1. 试区别伦理与道德的概念。
2. 试说明职业伦理与职业道德概念的不同。
3. 试述认识职业伦理特点的若干原则。
4. 比较传统社会的职业与现代社会的职业有何不同。

---

① J. Michael Kelly: Notes on the Teachings of Ethics in Law School, J. Legal Prof., 1980, (5).

第二章

法律职业伦理的课程地位

《法律职业伦理》作为跨学科课程，同时涉及法学与伦理学两个不同领域，在研究上也有两种大的倾向：一是从伦理学的立场出发来研究法律与法律职业问题；二是从法学的立场出发研究法律职业的道德与伦理问题。目前伦理学家与法学家对这一跨学科领域的研究兴趣普遍较弱，相关的研究成果也比较少。原因非常简单：其一，中国法律职业与法律治理的发展，长期以来曲折较多，相关的人才与学科建制尚缺乏保障，法学院一般没有法律职业伦理方面的专业教师，现有的教师也普遍没有接受过法律职业伦理的教育；其二，对伦理学家来说，由于研究法律问题要求其具备相应的法学知识素养，许多哲学家对法律问题的理解比较外行，不利于他们开展有效研究。这一问题在法律职业伦理课程被纳入法学核心课程目录之后，课程有了制度性的地位保障，其发展前景将会有所改善。

本章主要分三节，分别是：伦理学的基本概念与研究对象与主要的应用伦理学分支学科介绍；国外的法律职业伦理（法律伦理学）的现状；当代中国法律职业伦理课程的现状。

第一节 作为应用伦理学分支的法律职业伦理

伦理学是一个古老的学科。古希腊思想家亚里士多德著有《尼各马可伦理学》一书，至今仍是伦理学领域的经典作品；中国思想家孔子的《论语》也是世界公认的重要伦理学作品。当代影响比较大的要以美国哈佛大学哲学系罗尔斯教授的《正义论》最具代表性。由于《法律职业伦理》课程在学科的划分上属于伦理学的分支学科，虽然它在法学院开设，也主要由法学院教师进行讲授与研究，但它本质上是应用伦理学的分支。因此，学习本课程，需要对伦理学的基本概念有所了解。

一、伦理学的分类

按照伦理学界的认识，从研究对象来看，伦理学可以分为元伦理学、规范伦理学与美德伦理学三个部分。从伦理学关注问题的性质来看，可以分为关注理论问题的理论伦理学与关注实践问题的应用伦理学，法律职业伦理就属于应用伦理学的范畴。

（一）元伦理学、规范伦理学与美德伦理学

国内出版较早的伦理学教材对其学科任务有所界说，如："伦理学是一门关于道德的科学，或者说，伦理学是以道德作为自己的研究对象的科学。"[1] 按照当代伦理学者的看法，伦理学有三大类型：元伦理学、规范伦理学、美德伦理学。[2] 这三类不同的伦理学分别有自己的研究重点和任务。

元伦理学主要是道德语言与术语的研究。"所谓元伦理学也就是关于伦理术语的意义和道德判断的确证和科学，因而也就是分析道德语言的科学。"[3] "元伦理学所要解决的根本问题，是'应该'或'价值'的来源、依据问题……"。[4] 从其任务与重点来看，元伦理学主要是伦理学核心术语与认识论问题，因而，它的研究对象相对抽象，距离日常生活中的道德问题反而比较遥远。

与人们的日常生活关系比较密切的是规范伦理学与美德伦理学。规范伦理学与美德伦理学是两种不同的伦理学类型。"所谓规范伦理学是以道德、

---

[1] 罗国杰：《伦理学》，北京：人民出版社，1989年，第2页。
[2] 王海明：《新伦理学》，北京：商务印书馆，2001年，第1页。
[3] 王海明：《新伦理学》，北京：商务印书馆，2001年，第2页。
[4] 王海明：《新伦理学》，北京：商务印书馆，2001年，第3页。

规范和行为为中心的伦理学；美德伦理学则是以品德、美德和行为者为中心的伦理学。"① 进一步说，规范伦理学来自于人的如下态度：面对规则，我该怎么办？由于规范伦理学能够正视规则，人们一般采取遵守规则的态度。美德伦理学则来自人对规则的如下态度：什么样的规则是值得我遵守的？我打算选择什么规则作为我的行为规则？这就使得现实中的所有规则未必都对人具有权威。它是否有权威，前提在于个人是否愿意按照规则的要求来行事。在此，选择的权利在作出道德选择的主体手中。

元伦理学与规范伦理学的关系是："元伦理学是科学的伦理学的导引；规范伦理研究是科学的伦理学的正文。"② 缺乏元伦理学研究，将会由于缺乏相应的科学词汇与术语，无法进行相应的伦理学问题的研究与讨论；只有在元伦理学奠定相关的概念与认识基础之后，科学的伦理学即规范伦理学研究才可能真正展开。

规范伦理学与美德伦理学的区别在于："前者以'我应该做什么'为中心；后者以'我应该是什么样的人'为中心。对于美德伦理学来说，中心的问题不是'我应该做什么？'而是'我应该是什么人？'"③ 强调规范中心，规范就具有主动的、优越的地位，人则处于相对服从的地位，人与规范的关系就是人遵守规范、规范评价人的行为的关系；强调美德中心，规范就处于被动的、次要的地位，人与规范的关系就是人选择规范、人评价规范的关系。规范对人并不具有优越地位。

王海明教授认为，上述三种关于伦理学的关系是："元伦理学是伦理学的元伦理（优良道德之制定方法）部分以偏概全、独立成为伦理学的结果，其错误主要在于脱离规范伦理研究，因而使伦理学失去了目的与意义；规范伦理学是伦理学的规范伦理（优良道德之制定）研究部分以偏概全、独立成为伦理学的结果，其错误主要在于脱离元伦理学研究，因而使伦理学失去了科学方法；美德伦理学无非是夸大伦理学的美德伦理（优良道德之实现）研究部分的结果，其错误主要在于美德中心论，颠倒了美德与道德的关系。"④

---

① 王海明：《新伦理学》，北京：商务印书馆，2001年，第7页。
② 王海明：《新伦理学》，北京：商务印书馆，2001年，第5页。
③ 王海明：《新伦理学》，北京：商务印书馆，2001年，第7页。
④ 王海明：《新伦理学》，北京：商务印书馆，2001年。

作者认为，任何一种都不能独立成为科学的伦理学，只有上述三种联系起来才构成真正完整的伦理学体系。

进一步来说，规范伦理学因为是研究优良道德之制定的伦理学，它包括如下内容：①

道德主体：社会为何制定道德

道德实体：伦理行为的事实如何

道德价值：伦理行为应该如何

美德伦理学是研究优良道德之实现的伦理学，它包括如良心与名誉、品德等内容。②

在规范伦理学提供了系统完备的道德规范体系之后，人们的行为就有了明确的规范可以遵循，同时也能够得到社会的普遍的约束，因而社会道德就能够获得一定的保障。

然而社会有其自身的传统和结构，不同社会的道德现象有不同的表现，而且在不同的社会中可能对不同的道德现象给予不同的评价或权重，因而在纵向的伦理学研究史或横向的伦理学研究流派上，都表现出多样化的局面。人文社会科学研究不可能脱离其时代与土壤，这些多样化的伦理学研究流派或倾向，很难单纯依靠学术研究的方式获得解决。上述对伦理学研究对象及体系的分析，对于理清思路有积极帮助，不过伦理学的研究仍然需要结合实际的情形来具体展开。

（二）理论伦理学与应用伦理学

理论伦理学与应用伦理学的划分，是以伦理学研究对象之广狭、研究目的之差异而进行的一个划分。理论伦理学的研究对象一般指向比较广泛，应用伦理学则相对而言比较狭窄，仅限于特定的领域与范围；从研究目的上来说，理论伦理学更多地以实现相应的学理认识为目标，应用伦理学则以特定领域或行业的伦理问题的解决为目的，具有实际操作与应用的特点。而且，由于具体的领域与行业中的伦理问题的解决，往往需要研究者深入该领域与

---

① 王海明：《新伦理学》，北京：商务印书馆，2001年。
② 王海明：《新伦理学》，北京：商务印书馆，2001年。

行业，接触具体的相关专业知识与问题，因而应用伦理学具有比较强的跨学科的研究特点。

职业伦理是比较早发展起来的一类应用伦理学，主要解决因专业人士与普通人之间不对等的关系而产生的伦理难题。较早的有医学伦理学、宗教伦理学、法律伦理学以及科学伦理学、行政伦理学等等。

法律职业伦理在属性上应当是应用伦理学的一个具体学科。它是伦理学在法律领域的具体运用。根据伦理学的不同划分，如果侧重理论研究的则可能是法伦理学，重点对法学中一些具有伦理学研究意义的问题进行研究；偏重应用研究的，则就可能是法律职业伦理（在美国其名称为 Legal Ethics，直译就是"法律伦理学"，但按其内容则应译为"法律职业伦理"），重点关注法律伦理规则的实际运用，尤其是在法律从业者中的伦理规则的运用问题。

二、应用伦理学的主要分支学科

从法律职业伦理的归属来看，它属于应用伦理学，而应用伦理学还有其他一些影响比较大的分支学科。

（一）医学伦理学

医学伦理学是医学院学生的职业伦理学科，其学科地位与法学院的法律职业伦理有相似之处。"医学伦理学是医学和伦理学的交叉学科，讨论研究医学领域中的道德问题。"[①] 从该学科在我国的发展来看，同样受到了过度道德化的影响，在学科发展方面面临着需要迅速成熟以适应现代社会需要的任务。2004 年，"医学伦理学是否可教"仍是一个需要讨论的问题，该学科尚没有全面进入到具体的研究问题与领域。[②] 这一现状与其他职业伦理学科的发展相类似，都面临着学科发展的重要转型。

国外的医学伦理学相对更加专业化。1983 年有中国学者对英国医学伦理学做了简单介绍，指出英国的医学伦理学更多地表现出伦理规则的特点，它包括如下内容：

[①] 李传俊：《医学伦理学的改革与发展》，载《医学教育》1990 年第 4 期，第 15 页。
[②] 王云岭、曹永福：《医学伦理学是否可教?》，载《医学与哲学》2004 年第 6 期。

1. 哲学与医学伦理学导论
2. 效果论（功利主义）伦理学理论——最大多数人的最大利益
3. 义务论伦理学理论——权利和义务
4. 善和医学伦理学
5. 人类、人和生命的价值
6. 杀人或让他人死亡——在行动与不行动之间有无与道德有关的区别？
7. 家长作风、专业特性和自治权
8. 医学中的讲真话
9. 通常和非常手段以及双重效果学说
10. 这不是自然的——伦理学和自然律
11. 公正概念
12. 稀有医学资源的分配
13. 精神和身体，以及精神病理学诸方面
14. 卫生保健是个人关系和科学的超然态度之间的平衡[1]

上述问题除了对医学生介绍一些与医学相关的哲学问题外，还表现出对医学领域的道德问题的具体关注。

有学者对英国医学伦理学1990—2014年间研究的主题词进行整理，发现它可以划分为如下八大领域：基因伦理、卫生经济、堕胎伦理、器官伦理、临床试验、死亡问题、知情同意、残疾伦理[2]。上述每一个领域的研究，都表现出与时代问题的密切相关，同时也具有较强的技术性，这使得其研究者必须是医学与伦理学两个交叉学科的专家。

在2015年的学术年会上，中华医学会有关领导对该学科的研究提出如下建议："医学伦理学界应当加强三个方面的研究，一是道德建设与伦理管理关系的研究……二是伦理管理与社会契约关系的研究……三是伦理管理与高新技术关系的研究……"[3] 表明该学科目前的关注重点所在。相信中国医

---

[1] 邱仁宗：《英国的医学伦理学和医学史教学》，载《医学与哲学》1983年第7期，第46-47页。
[2] 赵玉鹏、袁其微：《英国〈医学伦理学〉的研究前沿与深化路径》，载《医学与哲学》2015年第11A期，第16-17页。
[3] 边林：《中华医学会医学伦理学分会第十八届学术年会暨全军第八次医学伦理学专业委员会学术会议综述》，载《医学与哲学》2015年第9A期。

学伦理学会在未来将与国外同行保持同步发展。

（二）行政伦理学

行政伦理学是行政科学与伦理学的交叉学科，对公共行政与公共管理学科的学生来说，也具有职业伦理规则教育的地位。"行政伦理学研究的核心是行政伦理价值观，行政伦理建设的首要任务就是要确立与市场经济相适应的行政伦理价值观。……包括三方面的基本内容，这就是行政伦理价值基础、价值核心与价值目标。"①

美国公共行政协会（ASPA）于1996年创办的《公共廉政》杂志提出了自己的宗旨："（1）增进有志于投身公共行政这一领域的人们之间知识和经验交流；（2）鼓励收集、编辑和传播有关公共行政信息；（3）广泛地推动公共行政科学、公共行政进程和公共行政艺术。"② 对美国行政伦理学学科具有奠基性影响的《行政伦理学手册》一书的结构，表现了该学科在美国的基本面貌："作为一个研究领域的行政伦理，行政伦理学的哲学视角分析，行政伦理的语境，保持道德行为——外部控制，保持道德行为——内部控制，美国社会的行政伦理，其他文化中的行政伦理。"③ 从上述内容来看，该学科的发展也具有比较明显的专业特色，值得中国相关学科借鉴。

（三）商业伦理学

商业伦理学在经济与管理学科中的地位大体近似于法律职业伦理在法学学科中的地位，其名称比较多样。"英语中的'Business Ethics'一词，在汉语中指'商业伦理学'，国内也有学者将其译为'经济伦理学''企业伦理学''商业道德'或'管理伦理学'，它是将规范伦理学的基本原理应用到工商管理活动中而产生的一门交叉或边缘学科。商业伦理学主要研究商业活动中的各类道德现象和理论，即商业主体在组织商品流通过程中的道德准则

---

① 曹望华：《国内行政伦理学研究综述》，载《广东行政学院学报》2003年第4期，第30页。
② 左秋明：《美国行政伦理学发展及研究述评》，载《天津行政学院学报》2013年第3期，第36页。
③ 左秋明：《美国行政伦理学发展及研究述评》，载《天津行政学院学报》2013年第3期，第37页。

和规范问题,以及对商业行为和制度进行科学评价的价值观体系。"①

美国的专业性学术机构对商业伦理学的内容进行了规范,"在美国,国际商学院协会(AACSB)于(20世纪)80年代设立的鉴定标准明确包含'伦理道德的考虑因素'以及'社会和政治影响',规定作为所有商科学生都应掌握的'基本知识本体'。"② 学术的发展也促进了学科的发展成熟。"在(20世纪)80和90年代的学术圈内,活跃着一些专注于商业伦理的学术团体、研讨会和期刊。这些团体包括国际商业社团、经济与伦理道德规范、欧洲商业网络和由商业伦理社团资助以商业伦理为主要内容的一些重大国际研讨会。"③ 围绕着学术领域形成了一些成熟的学术制度,如期刊、团体和会议制度,以及联系学术界与商业界的交流渠道。

实际上,任何职业都需要逐步建立自己的职业伦理规则。一方面,职业伦理规则是职业利益与声誉的保护工具。为保障自己的职业公信力而需要在自治原则的基础上发展出一系列成熟的职业规则,使得许多因职业而起的争议不必直接诉诸法律而能够得到解决;另一方面,职业伦理规则也是推动职业发展、应对迅速发展的技术与社会变化的重要领域。现代社会的复杂性与快速变化使得任何职业都面临着不可预知的挑战,这些问题由于其专业性,迫切需要既了解专业信息又熟悉法律规则的、拥有综合性知识结构的人士来解决,职业伦理规则研究就成为各职业领域发展迅速的新知识内容。

上述几个应用伦理学的分支,都有其具体的研究对象与研究领域,并且都形成了比较成熟的伦理规则。在上述几个学科之外,其他更多的具体职业伦理学科也都在发展之中,而且它们所关注的问题是传统的职业道德所无法涵盖的。因而,应用伦理学的发展将会随着现代社会的发展而继续深入。

三、法律职业伦理的研究内容

法律职业伦理作为一个研究领域,横跨法学与伦理学两个学科,它既是

---

① 施祖军:《高等商业院校开设商业伦理学课程势在必行》,载《湖南商学院学报》2004年第4期,第110页。
② [美]埃德温·爱泼斯坦:《美国的商业伦理》,张飞译,载《国外社会科学文摘》2002年第12期,第36页。
③ [美]埃德温·爱泼斯坦:《美国的商业伦理》,张飞译,载《国外社会科学文摘》2002年第12期,第36页。

伦理学的分支学科，也是法学的分支学科。作为一门课程，《法律职业伦理》主要是为了培养具备优秀法律职业素质的法律职业从业者而为法学院在校生开设的专业课程。一般而言，研究领域与课程体系有较大的重合性。课程因面向学生，较注重知识的体系性与完整性；研究则面向同行学者，较重视创新性与前沿性以及对现实问题的回应。

（一）法律职业伦理的基本特点

1. 法律职业伦理的含义

法律职业伦理，是指法律职业从业者为维护自身职业的专业性与权威性，保障其专业的公信力与职业的信誉而发展起来的若干职业伦理与行为规则。符合这些相应伦理与行为规则的行为，才能达到法律职业伦理标准，这也是法治发达国家能够不断巩固自身体制，并经受住各种政治、社会、经济危机考验的重要原因。

从目前的现实来看，需要对法律职业伦理作以下几条说明：

其一，法律职业伦理不是法律职业道德规则。职业伦理虽然也涉及一些道德性行为的规范，但它本身并不能被简化为道德规则。把它视为道德规则就将其大量的非道德性内容取消了，其占比例较大的内容其实并不具有道德性。

其二，法律职业伦理有比较明确的伦理与行为规则属性，具有某种"成文法"性质。作为成文的规则，它不仅诉诸人们的道德意识，还具有明确的行为指引。当代中国的法律职业伦理发展不够充分，有些规定带有强烈的政治性与道德性，而未考虑真正的职业发展需要，这一现象在未来会有比较突出的进展。

其三，法律职业伦理存在相应的制度化机制。比如，法律伦理专业委员会专门对相关的问题组织听证与作出裁决，它类似于专业人士的"法庭"，其决定具有权威性与实际影响力。当代中国的法官协会、检察官协会与律师协会，其本身的职业权威性尚不够，它更多地以体制性的权威为替代性权威，未能真正地实际运行。

2. 法律职业伦理的发展方向

法律职业伦理在未来需要积极推进以下建设：

一是与具体的职业相关的各专门伦理与行为规则之制定完善。例如：《法官职业伦理规则》《检察官职业伦理规则》《律师职业伦理规则》。其他的法律职业群体的伦理规则可以参照上述规则制定。我国相关的主管部门已经制定了一些相应的职业伦理规则，这些规范性文件也是本书后面章节进行相关论述的依据。

二是监督与实施相关伦理规则的机构与程序之完善。例如：法官职业伦理委员会、检察官职业伦理委员会、律师职业伦理委员会的机构与动作程序，其内容也应当明确地成文化。我国目前的相关机构，其具体活动情况各不相同，但也为进一步的发展奠定了相应的基础。

三是专门性的法律职业伦理学术研究之发展。《法律职业伦理》应当成为法学院必修课程，成为法律职业准入资格考试（在中国是国家统一司法考试）的考核内容；此外，应当成立专门性的法律职业伦理研究机构、研究会，举办相应的专业期刊与专业会议，以全面推进本领域的学术进展。

当代中国法律各领域的发展并不均衡，整体的协调性较差，法律职业伦理就属于发展比较晚、比较弱的领域。法律职业伦理的困窘之处在于，其本身是一个实践性领域，应当在实践发展的基础上开展教学与研究，但实践本身并不能尽如人意，而且国内官方文献的公开程度与获取的便利程度也较差。因此，本书的编写，有些内容只能参考国外的相关文献，希望未来在这些方面能够有所改进。

3. 关于普遍法律职业伦理规则

法律职业群体或法律职业共同体，是否存在统一遵循的职业伦理规范或规则？从目前已经出版的教材或论文来看，有的已经对法律职业伦理的统一遵循或适用的规范进行了论述。①

在不同的法律职业群体之间，如法官、检察官与律师之间是否存在着统一的职业伦理规范？这一问题值得讨论。按照笔者的理解，目前还不宜对法律职业各个不同群体统一的职业伦理规范进行论述。

从法律职业发展的方向出发，只有可操作与可执行的行为标准才容易遵

---

① 李本森：《法律职业伦理》（第二版），北京：北京大学出版社，2008年。

循,也容易根据行为本身进行是否违规的判断。因此,目前首先应当分别进行各具体职业群体之伦理与行为规则的讨论,统一的"法律职业伦理规范"的理论研究是次一步的任务。

总之,法律职业伦理的近期发展应当以具体职业的伦理规则为重点,这是由法律职业伦理规则的操作性要求所决定的。

(二)法律职业伦理的基本内容

从法治发达国家的法律职业伦理的基本内容来看,主要包括两个方面的基本内容:

1. 理论研究

这部分内容是对法律职业的特点及有关的职业伦理问题的理论性研究,其特点是,对理论问题感兴趣,对于实际的执行与操作以及职业伦理规则的修改,没有那么迫切的关切。重视理论问题者,更多的是从宏观的、抽象的社会背景出发而对法律问题感兴趣。因此,研究的内容可能与职业群体的思维方式有所不同。哲学家、社会学家或者其他的具有超越纯粹法律学科背景的学者,可能更倾向于采取这样的态度来研究法律职业伦理问题。

2. 规则制定与适用

这种研究的特点是,注重具体的法律问题、注重法律职业伦理规则的实际效果,它更多的是从法律职业伦理规则本身出发来考虑问题。有关的研究可能会以规则修改为目标,或者直接以某项规则的内容为讨论对象。它考虑的是伦理规则本身直接的适用性。专业的法律人可能更倾向于采取这样的态度。它以严格按照规则办事的思维方式来考虑规则本身的特点,并结合具体案件的需要来考虑规则本身的完善。

根据各个国家法律职业的特点,具体的研究则可以有不同的情况。以美国为例,律师在法律职业中最有代表性,因而职业伦理规则就是以律师职业伦理为重点。当然,法官等职业的伦理规则也有其必要性。从中国的情况来看,法官、检察官更多地属于公务员、国家干部、党的干部,因而分别由公务员法、政府的职业道德、党组织的纪律为职业伦理规则的重点。他们虽然属于法律人,不过他们首先是党的干部,其次是公务员,最后才考虑他们的具体的职业业务特点。这是与法治发达国家的情况有所不同的。

党的十八届四中全会对全面依法治国提出了较为系统全面的部署，可以预计，未来一个时期，中国的法治改革与发展将有一个较大的推进，各法律职业群体的职业发展背景将有比较明显的变化。

（三）目前教材建设的发展水平

目前业界已经对中国的法律职业伦理做了初步的研究，对国外的情况也有一定的介绍，对国内的发展现状也有一定的讨论，这些内容可参见本书末的参考文献目录。从我国目前教材建设的水平来看，基本上达到了科学的水准，能够满足教学的需要。下面简单介绍两本教材。

1. 李本森主编：《法律职业伦理》[1]

李本森教授主编的《法律职业伦理》，共分十章，各章内容分别是：法律职业与伦理；法律职业伦理基本规范；审判伦理；检察伦理；律师伦理；公证伦理；仲裁伦理；法律职业责任；法律职业伦理的养成；法律职业伦理教育。附录包括如下九项规范性文件：《中华人民共和国法官法》《中华人民共和国法官职业道德基本准则》《中华人民共和国检察官法》《检察官职业道德规范》《中华人民共和国律师法》《律师执业行为规范（试行）》、《中华人民共和国公证法》《公证员职业道德基本准则》《中国国际经济贸易仲裁委员会、中国海事仲裁委员会仲裁员守则》等。

这本教材有以下几个特点：一是职业类型基本上以五大类型为主，即法官、检察官、律师、公证员、仲裁员，这也是公认的中国法律职业的基本类型；二是对法律职业伦理的基本规范进行了论述，把所有法律职业的伦理规则统一起来对其特点进行了论述；三是主要是以中国现实为背景，对法律职业伦理进行全面系统的论述，国外的法律职业伦理规则或制度作为例子进行介绍。

2. 许身健主编：《法律职业伦理》[2]

许身健教授主编的《法律职业伦理》包括导论与正文十章，各章内容分

---

[1] 李本森：《法律职业伦理》（第二版），北京：北京大学出版社，2008年。
[2] 许身健：《法律职业伦理》，北京：北京大学出版社，2014年。

别为：律师与委托人之间关系规则；律师与裁判机关之间关系规则；律师与检察官的关系规则；律师与同行的关系规则；律师与律师事务所之间关系规则；公职律师制度与规则；法官职业伦理与职业责任；检察官职业伦理与职业责任；公证员职业伦理与职业责任；仲裁员职业伦理与职业责任。

该书导论部分内容相对简明，正文十章的内容主要围绕着职业伦理规则进行讨论，比较明显地体现出重视伦理规则的实际操作的特点。这本教材既表现出我国职业伦理规则本身有了比较明显的发展，比较重视规则性与操作性，逐步远离道德倡议与道德高调；同时也能够看出，教材建设也有明显的进展，按照相关的规范，以律师的职业伦理规则为主，兼顾其他职业的伦理规则，对中国的法律职业伦理进行了全面介绍。该书基本上能够满足目前中国高校法学院开设法律职业伦理课程的需要。

由于法律职业伦理本身内容比较复杂，可以从不同角度编制体例，日本学者森际康友认为，有四种教材编写体例可以选择：一是根据职业进行编排，如按照法官、检察官、律师等分类进行讨论；二是根据案件类型进行编排，如民事、刑事等不同案件中的职业伦理规则进行讨论；三是按照案件处理程序进行编排，比如从立案到诉讼到结案后的服务等进行讨论；四是按照法律职业伦理的专门问题进行编排，如保密义务、利益冲突、诚实义务等内容来进行讨论。① 比较起来，美国 ABA 的示范规则基本上是以第四种方式进行编排的。森际康友撰写的《法曹伦理》（中译本为《司法伦理》）则以案件性质分类并以律师中心的视角进行写作。未来其他不同方式的教材编写体例也应当积极尝试，对本领域的研究内容进行不同角度的介绍。在有了上述教材之后，本书的编写也是教材多样化的一个尝试。

第二节　国外法学院的法律职业伦理

国外法治发达国家的法律职业已经成熟运行了多年，作为培养法律职业从业者的主要社会建制——法学院，长期以来一直是高校中一个较特殊的机

---

① ［日］森际康友：《司法伦理》，于晓琪、沈军译，北京：商务印书馆，2010 年，第 4 页。

构,尤其在英、美等国家这一点比较突出。法学院教育与法律职业的关系比较密切,这使得法律职业伦理领域的相关规则发展比较成熟,法学院的课程体系中对《法律职业伦理》的安排也已经制度化、正式化,并且具有比较重要的地位。随着现代经济、科技等新现象的不断出现,该领域也在讨论一些新问题,但基本的职业伦理规则与相应的学科体系已经基本稳定。本节主要讨论美国的法律职业伦理与法学教育之间的关系。

一、美国法律职业伦理课程的地位

美国法学院的法律职业伦理教育也是从无到有的。虽然研究认为1969年起,美国的法律职业伦理规则已经法治化,而不再表现为道德性的特点[①];1976年的研究还在强调法科教育有此需要,法律人的"能力"概念应当与时俱进地增加新内容,要求把法律职业伦理教育的内容加入进去。[②] 1991年,法律职业伦理已经在各大法学院普遍开设课程,并且教师队伍普遍熟练。[③]看来,这中间花了20多年的时间。

美国法律职业伦理(一般称为 Legal Ethics)课程,在美国法学院也曾经属于相对次要的课程(a second class subject),因而,学者认为应当将其提到法学院最重要课程(the most important subject)的位置。[④] 这些建议包括:一是将其从2个学分的课程改为3个学分;二是将其从一门单独的课程改为由初级课程与多门高级课程共行的系列课程;三是从单纯的理论课程变为理论与实务操作共同推进的安排。[⑤]

学者的研究还批评法律职业伦理课程的一些错误观念,这些观念主要有如下三种:一是认为法律职业伦理课程"不用教",人们自然会在职业生活

---

① L. Ray Patterson: The Limits of the Lawyer's Discretion and the Law of Legal Ethics: National Student Marketing Revisited, Duke L. J., 1979, (1979): 1256.

② James F. Bresnahan: Ethics and the Study and Practice of Law: The Problem of Being Professional in a Fuller Sense, J. Legal Educ., 1976, (28): 197.

③ Samuel J. Levine: Taking Ethical Obligations Seriously: A Look at American Codes of Professional Responsibility through a Perspective of Jewish Law and Ethics, Cath. U. L. Rev., 2007, (57): 83.

④ Russell G. Pearce: Legal Ethics Must Be the Heart of the Law School Curriculum, J. Legal Prof., 2002, (26): 159.

⑤ Russell G. Pearce: Legal Ethics Must Be the Heart of the Law School Curriculum, J. Legal Prof., 2002, (26): 160–161.

中掌握这些规则;二是认为"不能教",伦理素养可能是教不会的,学生都已经成年,世界观基本形成,法学院的课程已经难以对他们施加外在影响;三是认为"不应该教",这种观点更多是从科学理性的角度出发的,认为应当区分科学问题与伦理和道德问题。这一观点显然误将伦理规则视为道德性规范了。作者认为上述观念都不正确并指出,现行的课程体系难以保障法律人获得相应的职业伦理素养;伦理素质的养成需要长年的熏陶;职业伦理应当重新获得其应有地位。因而,"法律职业伦理课程应当成为法学院课程的核心。"①

关于法律职业伦理的内容,有的研究者认为应当包括四部分内容:第一部分职业规则;第二部分律师协会相关委员会制定的更广泛的职业行为实践案例的分析;第三部分正义输送制度中一切有关的职业标准;第四部分则是律师个人道德的基本原则。② 其中第四部分的内容相对而言更具特殊性,它与个人的道德选择有关。

任何课程的教师都会强调自己学科的重要性。客观地说,在法学院的课程体系中,各专业课本身都具有强大的知识传统与繁重的知识任务,法律职业博学性的特点还要求法学院开设更多的非法学学科与专业的课程,以开阔学生的视野。因而,强调法律职业伦理的重要性固然有理,它在实际上获得其相应的地位则存在不小的困难。不过,与中国现状明显不同的是,国外的法律职业伦理具有强烈的实操性,对于从业者的职业生涯有明确而现实的实际影响:违反职业伦理规则不同于道德违规,可能彻底失去饭碗。这一惩罚的严重后果的性质基本上等同于中国语境下的故意犯罪(故意犯罪会受到开除公职、某些职业的禁入等惩罚措施,而违反道德规范则显然不会有如此严重后果),因此,任何法律从业者都不敢忽视伦理规则的存在。

二、美国律师职业伦理规则的多元化现实

对中国读者来说,最难理解的现象可能是:美国律师的全国性组织——

---

① Russell G. Pearce: Legal Ethics Must Be the Heart of the Law School Curriculum, J. Legal Prof., 2002, (26): 161 – 163.

② J. Michael Kelly: Notes on the Teachings of Ethics in Law School, J. Legal Prof., 1980, (5): 21 – 23.

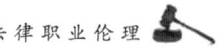

美国律师协会（ABA）虽然在业内具有崇高地位，但它仍只是一个民间性组织。ABA 职业伦理示范规则的制定虽然凝聚了法律界权威人物的贡献，由于 ABA 并非官方机构，该规则的效力仍只是推荐性与示范性的，与之并存的还有各州律师协会的伦理规则。这就需要对美国法律职业伦理的规范多样性（Normative Variation）的相关讨论做一介绍。

首先，联邦制决定了法律职业伦理规则的多样性。

联邦制是美国法律的基本制度背景。按照联邦制的精神，美国立国者们非常担忧会出现一个掌握强大权力的中央政权，因而他们努力避免出现过于强大的政治力量。立国者们以联邦制的制度安排从根本上消除了过度强大的、压迫型的中央政权出现的可能。这种安排使得各州的权力优越于联邦，从而也决定了法律职业伦理规则方面的制定权力也掌握在各州手中。

但随着社会经济的发展，经济与社会的全国性联系日益加强，这使传统的联邦制构想日益受到冲击。在法律上表现比较突出的是美国《统一商法典》（UCC）的制定，有权威人士认为，该法"并非示范法，而是统一法"，即类似于大陆法系传统中中央立法机关制定的法律之地位。而实际效果是，其地位仍然类似于法律职业伦理规则，有 49 个州采用了它，但其中只有宾夕法尼亚州直接采用了它，并不具有大陆法系中央立法机关制定的法律之地位。可见传统的影响并不容易消除。[①] 经济与商业的规则，更具有中立性、更少受政治影响，结果仍然如此，因而，联邦制下的规范多样性是难以避免的现象。法律职业伦理规则的多样性，也就成为美国的一个基本现实。

其次，联邦制下规则多样性的利益。

在选择了联邦制之后，人们普遍尊重并为之骄傲，联邦制的精神及其制度上的优点得到美国各阶层的广泛接受与普遍尊重。即使某些群体可能对联邦制有不同意见，但联邦制自身始终保持着基础性的、不可动摇的政治法律地位，对美国持续产生着巨大的影响。ABA 对律师伦理规则制定具有较大影响，除此之外，也存在着其他的规则制定者，"其他制定规范标准的机构主

---

① H. Geoffrey Jr. Moulton: Federalism and Choice of Law in the Regulation of Legal Ethics, Minn. L. Rev., 1997, (82): 109 – 111.

要还包括律师伦理委员会、立法机关、行政机构、专门的律师组织和法律雇主"①。

联邦制更加尊重多样性，此种制度下法律职业伦理规则的多样性也得到了尊重，它保障了公民的选择权。正如有的学者所认为的，在这样的制度背景下，公民不但可以通过言论自由发出声音来表达自己的意见偏好，而且更通过退出、逃离特定的法律辖区（jurisdiction）行使其"退出权利"（exit rights）、用脚投票。② 如果公民在表达意见之后仍无法实现自己的主张，还可以选择到能够实现自己意愿的法律辖区按照自己的意愿生活。这种无法剥夺的权利，在根本上保障了公民与从业者的选择权，这也是规则多元化的优越性所在。它推动了制度上的竞争与创新，允许各州以自己特色化的政策来进行制度竞争，吸引有创新能力者加入。"竞争性的联邦制迫使政府更有效率地运行，诸如改进服务、减少成本、更好地承认公民对于公共物品的偏好等。"③ 在制度竞争的情况下，治理恶劣的政府会迫使其治下的人民逃离，从而感受到巨大的政治经济压力，最终导致权力优势的压迫性制度无法立足。各州间职业伦理规则的多样化现实，同样是保护此种制度优点的有机组成部分。

第三，多样化必须接受同样的价值约束。

联邦制的制度优越性得到了各方面的强调与重视，不过，规范的多样化仍然有其相应的限度，这使得各州要满足同样的价值标准才能合法地行使其自治权力。

最突出的例子是，各州不允许存在奴隶制、种族制度，为此美国经过两次重大事件（美国内战与民权运动）才将相关成果巩固下来。再比如，对于生育权、刑事程序、公民权利、言论与宗教自由，各州不得违法进行限制。

---

① ［美］德博拉·L. 罗德、小杰弗瑞·C. 海泽德：《律师职业伦理与行业管理》（第二版），许身健等译，北京：知识产权出版社，2015 年，第 13 页。
② H. Geoffrey Jr. Moulton：Federalism and Choice of Law in the Regulation of Legal Ethics, Minn. L. Rev., 1997,（82）: 128.
③ H. Geoffrey Jr. Moulton：Federalism and Choice of Law in the Regulation of Legal Ethics, Minn. L. Rev., 1997,（82）: 132.

这就大大提升了对公民权利保护的力度。①

美国学界普遍认为目前法律职业伦理规则的多样化现象，以保留现状为宜。那么，既要在联邦制精神的传统下坚持多样化的职业伦理规则，又要适应法律业务日益跨越州与联邦法律边界的现实，解决办法是什么呢？美国法律界的办法是，不采用统一的国家标准，而采用法律选择规则（choice-of-law rules），② 在目前的制度中，它具体表现在ABA规则R8.5之中。学者们讨论了ABA规则R8.5中法律选择条款在实践中的复杂性，比如，"客户有时可能期望律师选择其主要实践地管辖的伦理规则，律师可能对这些规则最为了解；管理当局则可能对于选择那些针对律师的强制性或准强制的规则有更多的偏好。"③ 他们认为，该条款对于既定的问题提供了非常优秀的解决方案，值得推进其在全国范围的适用。④

三、美国法律职业伦理课程的基本内容

美国的法律职业伦理课程与当代中国的法律职业伦理在内容上有较大的差异。除了所属法律传统的不同外，这一差异更主要的原因来自中美两国在体制上的明显不同。

美国法学院以职业教育为基本目标，其学生基本上以三年制的JD（法律博士）教育为主体，学生除了修习相关的专业课程外，主要的学习目标是通过所在州的职业资格考试（BAR），成为具有法律职业准入资格的专业人才。

由于美国的法官多从执业律师中选择，在相当程度上，美国的法律职业就是律师职业，"律师"一词在许多时候就是"法律人"的代称。因而，美国法律职业伦理课程的内容就以律师的职业伦理为主要内容，这在美国的语境下并无不妥，而在中国读者看来会觉得它遗漏了法官与检察官这两大职

---

① H. Geoffrey Jr. Moulton: Federalism and Choice of Law in the Regulation of Legal Ethics, Minn. L. Rev., 1997, (82): 135.

② H. Geoffrey Jr. Moulton: Federalism and Choice of Law in the Regulation of Legal Ethics, Minn. L. Rev., 1997, (82): 155.

③ Arvid E. Roach II: The Virtues of Clarity: The ABA's New Choice of Law Rule for Legal Ethics, S. Tex. L. Rev., 1995, (36): 924.

④ Arvid E. Roach II: The Virtues of Clarity: The ABA's New Choice of Law Rule for Legal Ethics, S. Tex. L. Rev., 1995, (36): 931.

业。事实上，法官与检察官都接受与律师同样的教育，所从事工作的性质也与律师并无太大的差异，差异仅仅是工作目标方面的，法官从事的是居中进行独立的裁判工作，检察官则是受雇于国家的一种特殊的律师。因而，他们可以共同适用同一种职业伦理规则而无疑义。

从内容上看，美国法律职业伦理的基本内容以 ABA 的《美国律师职业伦理示范规则》为主要内容。后面的章节在介绍国外律师职业伦理规则时会对其进行介绍。

四、国外法律职业伦理课程的地位

国外的法律职业伦理课程比较重要，可以从以下几方面看出：

一是性质比较特殊。国外的法律职业伦理课程被认为是"法律人的法律"，在广义的法律渊源中地位比较特殊。为强调其重要性，人们将其与法学院其他的课程相区别，认为其他的法律专业课是"为了他人利益的知识"，本课程则是"为律师或法律人自己的利益的知识"。[①] 这一有意思的比较，确实有其道理。

二是地位比较稳固，是法律从业者的必修课。在美国，受"水门事件"的影响，人们开始高度重视法律人以及政府官员的伦理问题，法律职业伦理规则有了实质性的推进。目前它是法学院的必修课，也是法律资格考试的内容，属于法律从业者非常重视的内容。因为，这些伦理规则涉及实务活动中许多具体问题，可以帮助律师避免许多职业上的风险。

三是许多实务界专家均对其投入了较多的精力进行研究。美国 ABA 有许多专门的委员会，其中包括职业伦理规则方面的专业委员会，专门对伦理规则的修订完善进行研究，历次修订都投入了较多的专家和财力。各法学院内也有相应的法律职业伦理专业教师，包括与此相关的法律诊所类教师。这些都对培养法学院学生的职业伦理素养具有重要的作用，这些人力资源的投入显然是中国法学院在改进自身的教育训练水平时需要借鉴的。

[①]《美国律师协会职业行为示范规则（2004）》，王进喜译，北京：中国人民公安大学出版社，2005年，前言第 5 页。

第三节　中国法律职业伦理课程的地位

法律职业及与之相关的法律职业伦理本质上都是现代意义上的范畴，因而，它们都与法学教育有着密切的关系，成为法学教育中的重要内容。但是，中国恢复法律工作的地位和建设法治事业的时间毕竟不长，法律职业形成自己的职业伦理并建立起强大的职业权威，还面临着较大的困难。本节简单介绍我国的法律职业伦理的发展现状。

一、中国法学院的法律职业伦理发展历程

当代中国的法律职业伦理研究是中国恢复法律工作并承认法律职业的地位之后开始发展的，时间比较短，法治建设在国家治理中所处的位置长期以来有一个逐步提升的过程。近年来，其重要性在逐渐提高，2017年法律职业伦理被教育部法学教学指导委员会列为法学本科教育核心课程可以当做一个里程碑。可以预期，法律职业伦理课程未来将进入一个大发展时期。

（一）以职业道德建设为目标的阶段

中国在改革开放之前，基本上属于农业社会，80%的人口是农民，如果不考虑土地改革时期对公民进行的成分划分（主要成分划分为地主、富农、上中农、中农、下中农、贫农，其中贫农与下中农合称贫下中农，为长期的政治依靠对象），干部、工人、农民是中国社会的三大职业阶层。改革开放以来，中国社会的工业化进程大大加快，整个社会的职业开始丰富起来，在1992年邓小平视察南方与2001年中国加入WTO两大重要事件之后，中国社会的经济大发展带来了新兴职业的空前增加，职业领域迅速细化。目前，中国社会的职业领域已经非常丰富，不亚于已经完成现代化的欧美国家。

从职业伦理的发展角度来看，之前阶段的法律职业伦理的发展，主要表现为以下几个基本特点：

1. **以职业道德为基本术语**

长期以来，职业道德一词是用来表述职业伦理的替代用词。

职业道德建设作为道德建设的重点，主要是与特定的社会发展阶段相联系的。"职业道德建设"以及"提倡社会主义职业道德"就成为职业领域所使用的主要词汇。在法律职业群体中，"法律职业道德"就成为基本的词汇，各具体职业领域的职业伦理也以法官职业道德、律师职业道德等进行表述和讨论。

2. 职业道德建设属于社会主义精神文明建设的重要领域

与上述现象相联系，"职业道德建设"以及具体职业领域的道德规范，也被作为"社会主义精神文明建设"的重要内容而得到大力推进。需要指出，职业伦理有其道德性因素，也在社会主义精神文明建设事业中有其重要地位，但法律职业伦理以及其他的职业伦理，都有精神文明建设所无法涵盖的内容。按照中国官方话语体系，其内容有的属于物质文明、有的属于政治文明，超出了精神文明建设的范畴。

首先，法律职业伦理并非仅仅是道德方面的倡导，而是有着丰富的制度内容和具体的操作规则。违反这些规则会遭到比较严格的制裁，不同于仅仅进行道德谴责了事的纯粹道德性事务。这一点，从我国相关机构主导制定的法官与检察官的职业道德规范，就可以看出。

其次，职业伦理具有世界范围的共同要求。在全球化时代，中国各类职业群体都要确立专业化的职业操守，形成专业性的职业伦理规则，能够承担全球化时代的工作任务。如果把职业伦理仅仅视为职业道德，甚至将其限定在社会主义精神文明建设的领域，则就存在明显的逻辑困难。比如，会计师、律师，在世界范围内都是一种具有基本职业规范共识的职业，强调会计师、律师的职业道德属性固然有其意义，但对于会计师、律师的专业素质与职业教育来说，显然言不及义。

在提出上述认识之后，应当说，职业伦理建设对丰富社会主义精神文明内涵是有重要意义的，但它的建设内容超出纯粹精神文明建设的范围，需要在各方面展开其建设事业与完成相关工作内容。传统的观念是由于职业伦理领域的发展滞后，导致人们对相关职业伦理规则的认识过于简陋，不应当继续强化。

3. 职业伦理处于比较突出的失范与混乱状态，迫切需要有效规范

应当承认，中国自改革开放以来进入了一个社会全面迅猛发展的阶段，在取得多项重大成绩的同时，职业伦理领域则存在着明显的失范与混乱。① 承认这一现实并认识其内在原因，是解决相关社会问题并推进社会顺利发展的基本前提。

各职业领域的社会公信力都受到了质疑，并且从业者自己也缺乏足够的自信。各种职业伦理的缺失与失范现象比较常见且令人担忧：其一，腐败现象已经造成了严重的后果，政府的公信力受损，公务员的行政伦理明显存在缺失；其二，各具体职业的情况也不容乐观，中国司法工作人员的职业伦理也广受质疑，社会流传多年的段子说："大盖帽，两头翘，吃了原告吃被告。"在汹涌的经济大潮之下，不但拥有权力的公务员队伍存在腐败，中国社会各个领域都存在不同程度的权力腐败与职业伦理失范；其三，中国社会各职业领域的职业伦理进入一个相互伤害的"互害模式"。在此种状态下，社会成员互相不信任对方，都只顾自己利益而不信任他人，又因为在分工社会中，只能相互需要，最终只能接受互害格局。这使得社会道德水平日益低下，职业伦理建设极其迫切，处境困难。

在这样的严峻形势下，加强职业伦理的建设，加强各职业自身的行业自律和有效规范，是非常重要的时代使命。法律职业作为社会中具有特殊性质的行业，其职业伦理规则的建设更为迫切。

（二）以职业伦理规则为目标的发展阶段

虽然存在的问题比较严重，严肃的建设工作只能从现实的有限基础上起步。

在目前情况下，宏观建设工作可以从两个方面着手：

一是在理论方面转变观念，提升法律职业伦理理论建设的重要性。需要尽快实现转变的是对法律职业伦理规则性质的认识，它不应当停留于道德自律与提倡，它是具有明确的规范效力的"法律人之法"。美国也曾经历这样

---

① 失范系社会学术语，用来表述因社会发展出现的规范缺失或规范约束力丧失而导致各种社会行为缺乏规范约束的现象。参见雷结斌：《我国社会转型期道德失范问题研究》，南昌大学2013年博士学位论文。

的阶段，即错误地使用"法律职业道德"术语来指称"法律职业伦理"，①如今这一现状已经改变。法律职业伦理作为法学院的必修课与法律职业资格准入考试内容，是对这一理论重要性的肯定。我们应当投入人力物力，对法律职业伦理的教材建设、队伍建设、专项研究给予相关的支持，在各个领域全方位迅速展开工作。

二是在实践方面加快相关制度建设。在观念改变之后，相关的制度建设与规则制定、规则操作就要提上日程。要尽快展开如下工作：设立各具体法律职业领域的伦理委员会，负责具体职业伦理的工作；修订完善相关的具体法律职业伦理规则，这方面可以参考国外相关的成熟经验；开展违反法律职业伦理规则的惩戒业务工作，使伦理规则逐步形成其应有的效力，获得相应权威；法学院的课程建设与学术界的专门期刊与会议制度也属于这一范畴，需要积极推进。

从目前的发展现状来看，相关的制度建设与观念变化也有了较丰富的积累；当代中国法律职业伦理规则的发展已经比较深入和具体，表现为职业"能力"与职业"伦理"双重建设并重，并取得了长足进步；中国各法律职业都在人员素质上有了较大的提高，这也是中国改革开放四十年来的成就之一。

二、中国法律职业伦理的问题与前景

法律职业伦理课程教学与研究的落后，在相当程度上是因为中国法律职业伦理本身的现实比较落后。因而，推进当代中国法律职业伦理课程的教学与研究，要从中国的现实着眼。本节就将对中国法律职业伦理的现状与前景进行讨论。

中国法律职业伦理发展滞后，既有与其他职业相似的原因，即中国处于一个较为长期的过渡型社会之中，各领域和各项社会事业的发展迅速但缺乏成熟的规范；同时也有其特殊的原因，由于法律制度建设与意识形态的关系比较密切，其发展受中国的政治形势与意识形态的影响比较大。

---

① 《美国律师协会职业行为示范规则（2004）》，王进喜译，北京：中国人民公安大学出版社，2005年，第5页。

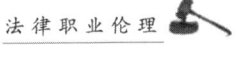

从目前的现状来看，中国法学院还没有普遍开设法律职业伦理课程；对法律职业伦理规则本身作为一种现代职业教育基本内容的观念，仍存在较多误解。王进喜教授对这些缺陷进行了概括。① 中国的法律职业伦理课程建设需要解决以下问题。

（一）中国的法律职业伦理课程的现实问题

中国的法律职业伦理问题长期没有受到关注，从目前的现状来说，本学科发展较为缓慢。目前，除中国政法大学有一个专门的法律伦理学教研室外，其他高校的法学院基本上没有专门从事伦理学教学的专业教师；出于研究兴趣进行研究的个人研究者也比较少；部分高校的哲学系专家对法律问题有一定兴趣，撰写过相关的论著。整体的研究现状表现为如下几个特点：

一是课程长期缺乏明确的体制性地位。法律职业伦理课程还没有在法学院普遍开设，更遑论给予本课程以明确的课程地位。近些年来现实的需要及受到国外同行的发展水平的启发，开始有了明确的目标。法律职业伦理已经被列入法学本科教学的核心课程，这大大地提升了本课程的重要性。可以预计，未来几年它将会有较好的发展。

二是缺乏专门的研究队伍。法律事务的专业性导致研究法律伦理学的专业人员较为缺乏，中国法治进程相对迟缓，现实的需要不是特别迫切；跨学科的研究难度较大，对学者的要求比较高，伦理学者很难深入到法律事务中进行研究，法学家则还没有更多精力投入这一领域中；这也与中国法律职业伦理本身的发展阶段有密切关系。

三是研究开展得比较少。课程无地位与无专业人员，导致相关的研究较少，质量也不高。不过，检察机关普遍重视检察官的职业伦理建设，表现优良，是一个可喜的现象。

虽然存在上述问题，但是中国社会的迅猛发展迫切需要法律的发展，这种需求成为法律职业伦理发展的强劲推动力量。近些年来，海归学者回国任教情况逐渐增多，执业律师数量也不断增多，这使得中国法学界迅速增加了

---

① 《美国律师协会职业行为示范规则（2004）》，王进喜译，北京：中国人民公安大学出版社，2005年，第5页。

对国外法律实务界的法律职业伦理规则的了解，有利于迅速推进中国法律职业伦理规则的合理化、专业化。

（二）中国法律职业伦理的发展前景

中国法律职业伦理现状的困难与落后，从积极方面看则有着巨大的发展空间。目前来看，本课程在以下几方面有着良好的发展前景。

1. 观念转型：从法律职业道德到法律职业伦理

目前最突出的问题是，我国法律界、法学界对法律职业伦理的定位理解上有偏差。按照传统的理解，职业伦理更多地被视为一种具体职业从业者的个人道德，从而将其道德化与空泛化，缺乏可操作性与可问责性。这一理解与职业伦理规则所具有的规则性、可操作性、强行性等特点明显不符。但提倡职业道德本身也有其现实意义，并不应当全面否定，这就使得这种偏差长期延续了下来。

在具体实践和理论研究上都可看出该理解偏差所造成的影响。在实践中，它导致各有关的规则制定主体在应当提供职业伦理规则时，普遍地以职业道德内容为主来制定相关规则；在理论上，它导致研究者在研究职业伦理规则时，对国外的情况难以准确理解，对本国的现实需要往往不能对症下药，迟迟找不到解决之道。

不过，随着中国法治进程的推进与法律职业的不断成熟，相关的观念也在变化。立法者与研究者在观念转型方面的进步明显：一方面，从近几年新制定的一些法律职业的规范性文件的内容上可以看出，它们普遍增强了可操作性，普遍重视惩戒机制等制度建设，已经不同于过去单纯的道德提倡；另一方面，新编写的教材建立在新观念的基础上，已经能够满足教学需要。

2. 提升地位：从边缘性的选修课到必修必考的核心课程

与国外对本课程普遍的重要程度相比，中国的法律职业伦理课程的现实情况是，既缺乏师资也缺乏体制性地位，目前很少有法学院开设相关课程，基本上属于受忽略的边缘性课程。这与国外法学院与法律职业资格考试的必修课、必考科目的课程地位相比，差距是比较大的。

未来的建设目标是将法律职业伦理课程设为法学院本科与法律硕士专业

学位研究生的必修课，并将其作为国家司法考试的必考科目。

推进这一工作需要在教材建设、师资培养、学术研究几个方面同时推进。在教材建设上，既要吸收国外同行的职业伦理规则的有关内容，促进法律职业的专业化，也要及时总结和提炼中国法律职业伦理规则与道德规范中的相关内容。在师资培养方面，要在硕士与博士阶段，设立相应的学术研究方向，培养相关领域专门人才；积极推进全国性的法律职业伦理专业学术研究会的工作，发挥其学术信息交流、人才培养的职能。在学术研究方面，要推动本领域的问题研究，提升中国法律职业伦理课程的学术地位与学术质量；尤其要推进学术界与法律实务界的沟通交流，使学术研究不至于停留在抽象空泛的水平上，真正发挥其职业伦理规则的影响。

该课程能够在国外法学教育与职业培训中占有重要的地位，也是经历了一个发展阶段的。因而，应当根据课程与学科发展的现实情况，逐步地提升地位、增加课时、适度发展。

3. 规范协调：改变职业伦理规则的零散性与不协调性

我国目前的法律职业伦理规则存在零散性与不协调的缺陷，表现在以下几个方面：

一是按照各类规范的法律位阶来看，从《中华人民共和国宪法》《中华人民共和国法官法》《中华人民共和国检察官法》《中华人民共和国律师法》等法律到最高人民法院、最高人民检察院制定的一些职业伦理或道德规范，有的可能还只是临时性的紧急通知，在法律体系的位阶上表现比较多样。二是从制定机关的角度来看也比较多样。从中央文件、政法机关到律师协会等行业组织，都可能制定相应的有关法律职业伦理的规范性文件，为法律职业制定规则。三是这些文件的内容重复、冲突之处甚多。这导致职业伦理规则的严肃性受到影响，也使相关人员在为解决现实问题寻找权威性依据时困难较大。这一现状可能会在一定的时期内继续存在，一方面各规则制定者的观念转变需要时间，同时政出多门的规则在制度上并无权威机构对其进行系统化。

比较理想的前景是由全国性的律师协会、法官协会、检察官协会等组织，对各自的职业伦理规则进行系统性的整理与汇编，这类似于美国的法律重述工作，从而改善目前法律规范的混乱状况。在尚缺乏这样的工作机制之前，可以组织法学院承担法律职业伦理课程教学任务的教师，通过教学研究对目前的规则乱象进行系统化，以民间的力量完成学理性质的"立法"任务。在学术界的努力下，中国法律职业伦理规则将更加专业化、系统化，更符合其职业伦理规则的定位。

4. 设立机构：法律职业伦理规则委员会的设立可能性

我国在建立了统一的国家司法考试制度之后，从事法律职业需要获得国家司法考试证书，已成为一个基本的制度门槛。法官、检察官和律师已经由国家司法考试制度这一制度形成高度的职业认同。虽然不同职业的工作内容有所不同，各个职业还存在不少差异，但它们都属于法律职业这一范畴，都应当遵守同样性质的法律职业伦理。当然具体的伦理规则可能会因工作内容与性质有所差异，但其共性要远大于差异性，因而应当设立统一的专业性的法律职业伦理规则委员会。该委员会的任务是以专家身份推动法律职业伦理规则的发展。在目前来看，其工作任务大体有两个方面：

一是推动职业道德规范向职业伦理规则的转型。如前所述，受传统观念影响，不少法律职业规则都具有过度重视道德表述、追求实现道德目标的特点，在伦理规则方面有明显的忽略和空白，这一缺陷必须加以弥补。在此方面，欧美国家的相关规则具有较大的参考价值。

二是制定具体的各法律职业的伦理规则。中国想要制定如美国那样的 ABA 规则，距离目标尚远，目前可以着手的事情是应当将目前制定主体较多、出台于各个时期的规则进行系统化，完成一个大规模的"汇编"，使伦理规则实现体系化、系统化。这将为各职业群体理解和遵守相关规则提供极大的便利。

该委员会的名称、人员组成、工作程序等都需要立即提上日程。原有的机构和工作机制是否可以沿用也需要专门讨论，对于本领域的研究者来说，可以因应现实的迫切需要，努力推进相关领域的研究，为伦理规则的修订与完善作出贡献。

5. 学术推进：以专业性学术研究推进伦理规则的完善

作为一个发展迅速且与现实有密切联系的领域，学术研究对推进具体规则的改进与问题的解决是有积极意义的。具体来说，一是相关的学位论文与期刊论文推进了相关问题的研究。虽然并无体制性的学科依托，由于现实的迫切需要，相关的法律职业伦理研究成果也有不少，其中包括学术论文、学位论文和有关著作；二是相关的学术会议在加强具体问题研究与增进本领域学术交流方面有积极贡献。例如，华南理工大学法学院 2010 年曾经召开过"法律职业伦理：法官与律师之间"的全国学术研讨会；三是有关学术期刊或专业期刊对团结本领域的人员有积极推动作用，如《国家检察官学院学报》对于检察官伦理的研究就给予了较多的关注，发表了系列文章推进相关的研究；四是在学术界成立全国性的法律职业伦理专业委员会，以推动相关的学术组织工作。未来一个时期内，在法学院较普遍地开设法律职业伦理课程之后，该专业委员会的设立与影响力的提升，都将是可以预期的前景。

上述方面有的已经在进行之中，有的需要在未来大力推进。通过各方面的共同努力，本领域可以期待取得较大的发展。

（三）全球化时代对法律职业伦理的挑战

工业革命和科技革命，大大增加了人类社会的经济联系，交通通信方式的改善与国际治理体系的巩固，大大加强了人类的全球化进程。目前人类已经在一个全球化程度日益加深、地球村成为现实的状态下生活。这一趋势不可逆转、不断加速，既带来了更多的生活便利与经济利益，也对各个行业造成了巨大的压力。法律职业同样承受着全球化进程的重重压力。

随着全球化进程的加剧，推动了经济与贸易活动的全球化，带来了法律业务的全球扩张，也形成了法律职业伦理规则的全球化与普适化的需求。从目前的情况来看，全球化对法律职业伦理规则的影响表现在以下几个方面：

首先，全球性、普适性的法律职业伦理规则正在形成之中，英、美等国家的法律职业更具竞争优势。

由于英语在全球沟通与交往中具有突出地位，因而英、美等国家的法律职业在此进程中具有巨大的优越地位。法律业务的全球化，也导致了法律职业伦理规则迅速出现了普遍化的趋势。① 除美国的 ABA 外，欧共体律师理事会与法律学会（CCBE）作为欧洲法律人的组织，代表了欧盟 28 个国家的 50 万名律师，也积极推动欧洲区域法律事务与法律伦理规则的一体化。② 有学者认为，美国 ABA 规则、日本的相关法典、欧洲 CCBE 法典，可以作为普遍性律师职业伦理规则的基础。③ 学者之所以会将上述三大区域的法律职业伦理规则视为制定普遍性、统一性的伦理规则之基础，是因为这些国家与区域的法律职业发展比较成熟，竞争力强，对其他国家的法律职业发展具有强烈的示范意义。当然，它们所具有的强大经济实力也是重要的影响因素。

对于中国来说，法律职业发展的任务相当艰巨，对于美国法律界的垄断性影响应当有清醒的认识。既要认识到全球化进程中法律的统一性、一体化趋势具有某种必然性，也要注意如何积极发挥中国对国际经济法律秩序的影响。中国经济在取得巨大成就之后，未来中国法律职业伦理规则也将获得重要的影响力，是可以预期的事情。

其次，关于普遍化、统一性的法律职业伦理规则存在若干共识。

单纯就法律界而言，对于法律职业伦理规则的内容已经逐步形成若干共识。ABA 前主席 P. S. 安德森认为，制定统一的法律职业伦理规则，四大核心原则已经成为共识，内容分别是：①法律实务是一个博学的职业；②律师必须具有独立地位；③律师必须符合能力与伦理要求；④律师具有公共事务的责任与维护法治的义务。④ CCBE 主席 R. 沃尔夫也认为，"法律职业不只是份工作，更是一个崇高的使命"⑤。

全球化时代法律职业伦理规则开始需要在全球范围内寻求共识。而以欧洲为代表的律师界积极推动了这方面的工作。CCBE 伦理法典对律师的社会

---

① Christopher J. Whelan: Ethics Beyond the Horizon: Why Regulate the Global Practice of Law? Vand. J. Transnatl. L., 2001, (34): 934.
② Christopher J. Whelan: Ethics Beyond the Horizon: Why Regulate the Global Practice of Law? Vand. J. Transnatl. L., 2001, (34): 935.
③ Christopher J. Whelan: Ethics Beyond the Horizon: Why Regulate the Global Practice of Law? Vand. J. Transnatl. L., 2001, (34): 935.
④ 转引自 Christopher J. Whelan: Ethics Beyond the Horizon: Why Regulate the Global Practice of Law? Vand. J. Transnatl. L., 2001, (34): 938.
⑤ 转引自 Christopher J. Whelan: Ethics Beyond the Horizon: Why Regulate the Global Practice of Law? Vand. J. Transnatl. L., 2001, (34): 938.

功能进行了详细的论述，具体包括：律师的博学性，要求法学院提供的教育能够具备接受此种知识挑战的基础；律师的独立性，要求各国应当保障律师的这一地位；律师的能力标准，则要求律师必须具备相应能力与伦理，这是承担法律服务的前提条件；律师的公共服务职能，则是律师作为法律职业者对于法治社会与人权的特殊责任。

中国法律界尤其是律师界，如何提升自己的职业地位与声誉，同时与全球的同行加强联系，共同在国家治理与区域治理、全球治理中发挥积极作用，已经成为具有现实性的问题。

第三，法律职业全球化进程中过度商业化的问题已经凸显。

在法律业务全球化的进程中，美国律师逐渐成为影响较大的一个全球化律师群体。他们的基本观念是，作为律师的天职就是要努力讨好客户（to please their clients）。[1] 这一观念如加德森（J. Gordon）所说："律师们声称，我们并无公共责任，我们只是私人当事方的私人代理人……我们必须绝对地、不可分心地忠实于客户。"[2]"如果在客户利益与司法制度之间出现冲突，那么，客户利益将具有压倒性地位。"[3] 在这样的观念下，律师职业的"保密"义务由于更有利于保护客户利益，得到了更多的强化；法律职业伦理规则中的公共服务与维护法治的义务，则相对有所弱化；独立、自治等其他职业价值则未受到重视与强调。也正因此，伦敦的法律人对美国律师的印象比较负面，认为他们就是"变色龙"[4]，他们可以为了客户的利益而变来变去，已经严重地丧失了法律职业的尊严。然而，在激烈的职业竞争中，英国的律师们也难以幸免，不得不走上同样的道路。中国同样也深入地参与到经济全球化的进程之中，中国法律职业所要面对的全球挑战与竞争也迅速到来。如果说，欧美国家对律师"商业性"的过度强化已经挑战了伦理规则，那么中

---

[1] Christopher J. Whelan: Ethics Beyond the Horizon: Why Regulate the Global Practice of Law? Vand. J. Transnatl. L., 2001, (34): 943.

[2] Christopher J. Whelan: Ethics Beyond the Horizon: Why Regulate the Global Practice of Law? Vand. J. Transnatl. L., 2001, (34): 943.

[3] Christopher J. Whelan: Ethics Beyond the Horizon: Why Regulate the Global Practice of Law? Vand. J. Transnatl. L., 2001, (34): 943.

[4] Christopher J. Whelan: Ethics Beyond the Horizon: Why Regulate the Global Practice of Law? Vand. J. Transnatl. L., 2001, (34): 944.

国律师既面临着此类同样的困境，又立足于完全不同的生存背景，需要更多的专门讨论。目前的全球化进程仍在调整与深化之中，它对法律职业伦理规则的复杂影响仍然在持续进行中，其作用仍然需要继续观察。

本章思考题：

1. 伦理学的主要研究对象有哪些？
2. 简要介绍两门应用伦理学及其研究对象。
3. 法律职业伦理的主要内容包括哪些？
4. 试述国外《法律职业伦理》课程在法学院教学中的地位。
5. 试述当代中国法律职业伦理的发展历程。

第三章

法官职业伦理规则

法官是以在法庭上居中进行裁判为其基本工作任务的法律职业者,在大陆法系传统中是法律职业群体中的第一代表。当代中国受大陆法系影响比较深,因此法官成为法律职业中备受关注的一个群体。

第一节 国外法官职业伦理与规则

法官是各国都普遍存在的法律职业,也发展出了丰富的伦理与行为规则。本节就以英语国家尤其是美国的情况为主进行一个初步讨论,其他国家的情况,也依据文献作相应的介绍。

一、法官职业的身份

从世界各国普遍的情况来看,法官被公认为是一个掌握并行使司法权的裁判者。最初,司法权与行政权并未区别开来,但后来人们普遍承认司法权与行政权具有明显的区别。国内有学者曾经对行政权与司法权的区别进行过讨论。① 从该比较来看,司法权与行政权的区别是比较明显的。

---

① 孙笑侠:《司法权的本质是判断权——司法权与行政权的十大区别》,载《法学》1998 年第 8 期。

（一）区别于行政官员的法官

法官与行政官员具有不少明显的不同。

首先，司法判断的确定性。最大的区别是，法官群体具有本质上的共同特点，德国法学家考夫曼教授称之为法官的可替换性："法官的可替换性的意义在于：每个法官在上述这样的过程中，都能和其他法官一样获致相同的结论——法律安定性的最佳效果（法律实证论正是这种方法论的教父）。"①不论选择哪个法院、哪个法官，同样的事务都会得到同样的判断，从而保持着职业群体之间的高度统一性。当然，法官在认识上也是存在差异的，然而，这种差异只能是对法律理解的个人差异。这种差异不能背离正义，不能违背法律共同体的专业理解，它有着法律上的确定性。

其次，司法权力的权威性与非等级性。法官与行政官员的职业差异性还表现在，法官并不存在上下级关系，审级制度的不同仅仅是审判业务方面的分工，而不是法官地位的差异。基层法院法官的判决，代表的同样是一国的司法权。这与行政官员明显不同，行政官员只能代表其所属一级的政府机关的权力。

（二）法官职业本质上属于社会而非政府

根据法律传统的差异性，法官职业大体上有两大分野，一是大陆法系传统的法官，二是英美法系传统的法官。前者在诉讼中更多地以国家权力行使者的面目出现，在司法过程中奉行职权主义，在诉讼模式上被称为纠问式，以刑事诉讼为基本模式；后者在诉讼中更多地以居中的社会裁判者面目出现，在司法过程中奉行当事人主义，更多地尊重诉讼参与各方的权利与意愿，在诉讼模式上被称为对抗式，在诉讼过程中控辩双方两军对垒，法官则相对超然起居中裁判与维持法庭秩序的功能。

虽然存在上述差异，不过，在宪政民主体制与法治原则确立之后，大陆法系在观念与制度上也更多地吸收了英美法系的传统，同样地尊重当事人的

---

① ［德］考夫曼：《法律哲学》，刘幸义等译，北京：法律出版社，2004年，第131页。

诉讼权利，法院在相当程度上更加接近英美法系传统。奥地利法学家欧根·埃利希同样认为，"法院不是国家的机关，而是作为社会的机关而产生"①。他同时强调法院司法职能的社会性本质："……纯粹的国家司法与社会司法之间的区分至今仍继续存在于刑事案件和民事案件之司法管辖权的区分上……然而，法院从来就没有完全被国家化。社会总是有自己的、独立于国家的法院并保存至今，这样的法院甚至在当代还反复地重新出现。"② 即使是国家主义立场最为极端的德国法学家黑格尔，也将法院置于市民社会领域之中，这不仅仅是思想家本身的立场问题，也是西方国家的法院制度长期存在的体现。

在这种法律传统之中，法官与国家权力有着一种内在的距离，行政权力不但不能以自己的意愿要求法官，而且要积极地表现出对法官、法院的高度尊重。以美国为例，总统选举出现选票争议，在法官表态之后就能够立即得到解决，双方总统候选人都表态拥护法院的决定。③ 这在中国似乎是非常难以理解的事情，这也表现出法官职业的特殊性。

二、有关国家的法官职业伦理规则

关于法官职业伦理规则，各国都有自己的具体情况，本节暂以美国法官伦理规则为代表进行讨论。由于美国的法律职业以律师为中心，法官也来自律师，因而，法律职业的统一背景使得法官与律师之间在知识训练与职业认同上具有比较大的共识。关于法官的一些职业行为规则，也是由美国律师协会制定的，这在中国可能会觉得比较奇怪，但在美国的制度环境下是一种自然而然的事情。

（一）美国的法官职业伦理规则

美国律师协会（ABA）于1990年通过的《司法行为示范守则》（Model

---

① ［奥］欧根·埃利希：《法社会学原理》，舒国滢译，北京：中国大百科全书出版社，2009年，第126页。
② ［奥］欧根·埃利希：《法社会学原理》，舒国滢译，北京：中国大百科全书出版社，2009年，第126页。
③ 王磊：《21世纪法学系列教材教学案例：布什诉戈尔》，北京：北京大学出版社，2002年。

Code of Judicial Conduct)（1990）是关于法官职业行为的一个准则。其前言指出："法官必须为作为公众信托的司法职位增光添彩，必须努力促进和维护对我们法律制度的信赖。在解决争端时，法官是事实和法律的仲裁者，是法治政府高度有形的象征。"① 这就将法官及其职业行为的重要性表达无遗了。

从其具体的内容来看，法官的伦理规则主要包括以下内容：

准则1：法官必须维护司法的适正性和独立性。

准则2：在所有的活动中，法官都必须避免不适当的言行和不适当的表现。

准则3：法官必须不偏不倚、勤勉地履行司法职务之职责。

准则4：法官在从事司法外活动时，必须使之与司法义务发生冲突的风险最小化。

准则5：法官或者司法职位候选人必须避免不适当的政治活动。②

上述几条准则只是大的原则规定。对上述五条准则，ABA对它进行了比较详细的、可操作性强的解释。在实践中也有不少的案例，将一些可能有模糊之处的原则具体化，使之在实际操作中不致产生误解和多种解释。我们需要从两方面来认识法官规则。

其一，法官行为规则的核心是中立与公正的地位。法官作为裁判者，应当保持独立、中立与公正的地位。研究者也指出："法官与律师和诉讼各方之间关系的核心是：法官必须是公平的、无偏私的。"③法官的地位是居中裁判者，"法官是当事人向司法系统提起的诉讼争端的中立解决者。法官无须像律师那样忠于客户，而是忠于司法系统本身，以及在争端解决中正确适用法律。"④ 法官的中立与公正，既包括实质性的公正与独立，法官要时刻保持敏感的职业态度，也包括形式上的公正与独立，法官的言行需要比其他人更

---

① 《美国律师协会职业行为示范规则（2004）》，王进喜译，北京：中国人民公安大学出版社，2005年，第122页。
② 《美国律师协会职业行为示范规则（2004）》，王进喜译，北京：中国人民公安大学出版社，2005年，第127－145页。
③ Anthony M. Kennedy: Judicial Ethics and the Rule of Law, St. Louis U. L. J., 1996,（40）: 1069.
④ ［美］詹姆士·E. 莫里特诺、乔治·C. 哈瑞斯：《国际法律伦理问题》，刘晓兵译，北京：北京大学出版社，2013年，第222页。

加谨慎，避免使任何人产生可能的误解。

其二，规则并无强行发生对法官的制裁，这与律师伦理规则有所不同。ABA 自 1973 年制定的法官规则并未规定对法官违反规则的惩罚措施，因为它仅仅是建议性的，"我们的法官愿意遵循更高的伦理标准，他们视该规则为适度的和关键的行为指南。"①

其三，法律在法官的争议中呈现。英美法系的司法制度习惯于将法官的争议公开，因此，人们可能误将法官观点的不同视为他们之间关系的对立。研究者指出，应该区分"专业上的异议与私人关系的不同"。因为，"恰恰是在这些异议中间，真正的法律才得以涌现。"②

当然，法官负有这样超常义务的前提是，具有能够保障法官承担这些特殊义务的制度条件，包括法官可以获得相对于其他职业而言更优厚的职业保障。这些制度在法治发达国家是已经具备的前提条件，也通过相关的法律进行了规定。

（二）日本的法官职业伦理规则

日本学者认为，讨论法律职业伦理（法曹伦理）时，"处于中心位置的是律师的伦理问题"③，这一点与美国类似。学者按照日本《法院法》对日本法官的职业伦理进行了如下的概括：

1. 职务专注义务。
2. 保密义务。
3. 保持操守的义务。
4. 禁止事项。包括：（1）不得成为国会或地方公共团体议会的成员，不得积极参与政治运动。（2）不得从事其他有报酬的工作。（3）不得从事商业和其他以金钱利益为目的的业务。④

上述内容与美国法官的职业伦理有相似之处，有些义务也与律师的职业伦理有相似之处。日本在要求法官具备相应的职业伦理的同时，对法官的职

---

① Anthony M. Kennedy: Judicial Ethics and the Rule of Law, St. Louis U. L. J., 1996, (40): 1073.
② Anthony M. Kennedy: Judicial Ethics and the Rule of Law, St. Louis U. L. J., 1996, (40): 1071.
③ [日] 森际康友：《司法伦理》，于晓琪、沈军译，北京：商务印书馆，2010 年，第 271 页。
④ [日] 森际康友：《司法伦理》，于晓琪、沈军译，北京：商务印书馆，2010 年，第 277－278 页。

业保障也有明确的规定，只有这样，才能使得法官比较容易遵守严格的职业伦理规则。

公务员和国家机关与人民的关系如何，决定了法官在公务员中的地位。法官的社会地位如何，决定了法官的职业伦理规则的内容。总体来看，大的发展趋势是，法官从公务员队伍中脱离出来，成为与普通公务员明显不同的一支维护法治、坚持公正价值的独立力量，这要求司法机关与法官享有独立的司法权力，也要求他们具有高于普通公务员的职业伦理标准。

中国的表述是"人民法院独立行使审判权"，事实上各国对所谓司法独立究竟是指司法机关的独立还是法官的独立，在理解上也有差异。不过，司法机关与法官因其在独立行使裁判职能的实践中逐步获得了崇高的社会地位与社会信赖。从各国制度的具体表现来看，不同的法律文化传统对法官的地位及其职业伦理影响还是比较大的。

有关国际组织也对法官的职业伦理规则进行了一定的归纳。2002年11月，国际廉洁组织通过的《班加罗尔司法行为原则》对法官的司法原则作出如下的表述：(1) 司法独立；(2) 司法公正；(3) 司法廉洁；(4) 司法适当；(5) 司法平等；(6) 司法勤能（效率）。① 这一表述也反映了国际上对法官职业伦理规则的通行标准与看法。

第二节　中国法官职业伦理规则

中国法官职业伦理规则主要体现在《中华人民共和国法官法》《法官行为规范》与《中华人民共和国法官职业道德基本准则》之中。《中华人民共和国法官法》对法官的职业身份与权利义务进行了规范，涉及到部分的职业伦理要求，不过，对法官职业伦理规定较为详细具体的，还是前述的《中华人民共和国法官职业道德基本准则》。以下根据相关规范性文件，分别介绍其主要内容。

---

① ［美］詹姆士·E. 莫里特诺、乔治·C. 哈瑞斯：《国际法律伦理问题》，刘晓兵译，北京：北京大学出版社，2013年，第234－236页。

一、《中华人民共和国法官法》（2017 修订）的规定

《中华人民共和国法官法》（2017年修订）（本节中简称《法官法》）对法官的职业伦理有若干原则性的规定。《法官法》第二条对法官的身份进行了规定："法官是依法行使国家审判权的审判人员，包括最高人民法院、地方各级人民法院和军事法院等专门人民法院的院长、副院长、审判委员会委员、庭长、副庭长、审判员和助理审判员。"

《法官法》第三条对法官的职业伦理提出了基本的要求："法官必须忠实执行宪法和法律，全心全意为人民服务。"《法官法》第七条和第八条分别对法官的义务与权利进行了规定。法官的义务即法官所应当承担的职业伦理。法官的权利则是对法官承担职业义务的制度性保障的体制。《法官法》第七条的规定如下：

法官应当履行下列义务：

（一）严格遵守宪法和法律；

（二）审判案件必须以事实为根据，以法律为准绳，秉公办案，不得徇私枉法；

（三）依法保障诉讼参与人的诉讼权利；

（四）维护国家利益、公共利益，维护自然人、法人和其他组织的合法权益；

（五）清正廉明，忠于职守，遵守纪律，恪守职业道德；

（六）保守国家秘密和审判工作秘密；

（七）接受法律监督和人民群众监督。

上述内容是法官职业伦理的基本内容。不过，由于上述规定比较抽象，还需要其他的立法对其进行具体化。

值得注意的是，《法官法》"第十一章 惩戒"则将上述的原则性规定予以具体化。该法第三十二条规定如下：

法官不得有下列行为：

（一）散布有损国家声誉的言论，参加非法组织，参加旨在反对国家的集会、游行、示威等活动，参加罢工；

（二）贪污受贿；

（三）徇私枉法；

（四）刑讯逼供；

（五）隐瞒证据或者伪造证据；

（六）泄露国家秘密或者审判工作秘密；

（七）滥用职权，侵犯自然人、法人或者其他组织的合法权益；

（八）玩忽职守，造成错案或者给当事人造成严重损失；

（九）拖延办案，贻误工作；

（十）利用职权为自己或者他人谋取私利；

（十一）从事营利性的经营活动；

（十二）私自会见当事人及其代理人，接受当事人及其代理人的请客送礼；

（十三）其他违法乱纪的行为。

上述十三项规定，就进一步将法官的职业伦理责任更加明确化了，虽然是以禁令性规范的方式制定的，但同样起到了职业伦理规则的作用。

二、《法官行为规范》（2010 修订）的规定

《法官法》的相关规定仍然比较原则，需要进一步细化。《法官行为规范》（最高人民法院 2005 年 11 月 4 日发布试行，2010 年 12 月 6 日修订后发布正式施行）（本节中简称《规范》）是我国关于法官职业行为的基本规范，对法官的行为进行了权威性的规定。根据该《规范》，我国法官的职业伦理行为规范主要内容大体表现为如下方面：

（一）基本原则

"一般规定"的内容主要是对基本原则的规定，其内容包括如下方面。

1. 政治忠诚原则

《规范》中有两条对此进行了规定：

"第一条　忠诚坚定。坚持党的事业至上、人民利益至上、宪法法律至上，在思想上和行动上与党中央保持一致，不得有违背党和国家基本政策以

及社会主义司法制度的言行。"

这一条明确地规定了法官的政治忠诚原则，尤其强调了对执政党的政治忠诚。

"第五条 一心为民。落实司法为民的各项规定和要求，做到听民声、察民情、知民意，坚持能动司法，树立服务意识，做好诉讼指导、风险提示、法律释明等便民服务，避免'冷硬横推'等不良作风。"

这一条也是对政治忠诚原则的规定，不过它强调了法官对人民的忠诚。坚持人民性，是人民法院的正当性基础。

对执政党与人民的政治忠诚，是法官职业伦理的第一原则。

2. 公正司法原则

法官的职责是司法裁判，而裁判的根本要求就是公正。因而，第二条的规定是公正司法原则。第二条对此有如下规定：

"公正司法。坚持以事实为根据、以法律为准绳，平等对待各方当事人，确保实体公正、程序公正和形象公正，努力实现办案法律效果和社会效果的有机统一，不得滥用职权、枉法裁判。"

3. 专业性（能力）原则

法官的能力或专业性原则，是实现公正司法的基础。这一条接近于《ABA规则》的"称职原则"，也是法官职业伦理的核心要求。第三条规定如下：

"高效办案。树立效率意识，科学合理安排工作，在法定期限内及时履行职责，努力提高办案效率，不得无故拖延、贻误工作、浪费司法资源。"

4. 伦理性（道德）原则

道德性或伦理性原则，是对法官个人道德的要求。前面曾经说过，某些道德要求被伦理规则所规定后，它仍然不失其道德性，但同时具备了规则性（法律性）的角色。《规范》强调了廉洁原则与敬业原则。廉洁强调法官不利用权力谋取私利，敬业强调法官对工作本身的积极奉献。这表现在第四条与第七条的规定中。

"第四条 清正廉洁。遵守各项廉政规定，不得利用法官职务和身份谋取不正当利益，不得为当事人介绍代理人、辩护人以及中介机构，不得为律师、其他人员介绍案源或者给予其他不当协助。"

"第七条 敬业奉献。热爱人民司法事业，增强职业使命感和荣誉感，加强业务学习，提高司法能力，恪尽职守，任劳任怨，无私奉献，不得麻痹懈怠、玩忽职守。"

5. 保密原则

在我国，保密原则更加强调保守国家秘密。当然，也包括对当事人各类隐私与秘密的保密要求。第六条对此规定如下：

"严守纪律。遵守各项纪律规定，不得泄露在审判工作中获取的国家秘密、商业秘密、个人隐私等，不得过问、干预和影响他人正在审理的案件，不得随意发表有损生效裁判严肃性和权威性的言论。"

6. 司法礼仪原则

礼仪原则要求法官在日常生活与法庭中的形象，要与法官的职业身份相符合，在个人形象方面要维护和保持法庭与法官职业的庄严性。需要注意，这一条的要求不仅在法庭内有效，同时也对法官在法院之外的生活形象提出了同样要求。第八条对此规定如下：

"加强修养。坚持学习，不断提高自身素质；遵守司法礼仪，执行着装规定，言语文明，举止得体，不得浓妆艳抹，不得佩带与法官身份不相称的饰物，不得参加有损司法职业形象的活动。"

（二）司法活动各阶段的伦理规则

在一般性规定之后，《规范》对人民法院各司法活动环节的行为规范都进行了具体规定。这些规定都比较具体，具有直接的可操作性与外观的可判断性，是否违反规则不难辨别，因而它已经不再停留在一般的道德呼吁上，具有了伦理规则的特点。

以下根据该《规范》对相关内容进行一个基本的介绍。

1. "立案"环节的行为规则

这一过程中体现的主要是"方便当事人"的要求，比如"第九条 基本要求"中各项都表现了这一精神，明确提出"减少当事人讼累""提高立案效率"，都着眼于方便当事人行使诉讼权利。在具体条文中更明确要求给予当事人以明确的告知义务，避免增加当事人的诉讼负担。

2. "庭审"环节的行为规则

"第二十六条 基本要求"有如下四项基本要求，体现了两方面的要求，一是法官自身的专业性，二是注重对当事人诉讼权利的保障。

（一）规范庭审言行，树立良好形象；

（二）增强庭审驾驭能力，确保审判质量；

（三）严格遵循庭审程序，平等保护当事人诉讼权利；

（四）维护庭审秩序，保障审判活动顺利进行。

法庭是法官职业行为的最主要、最明显的场所，《规范》对法官庭审过程中的行为规则有更为具体的要求，比如第二十九条与第三十条，规定了许多生活细节。对于普通人来说可能是无伤大雅的一些生活小节，对法官来说则仍是需要认真注意的职业行为规范，因为法官不是普通人。

第二十九条 出庭时注意事项

（一）准时出庭，不迟到，不早退，不缺席；

（二）在进入法庭前必须更换好法官服或者法袍，并保持整洁和庄重，严禁着便装出庭；合议庭成员出庭的着装应当保持统一；

（三）设立法官通道的，应当走法官通道；

（四）一般在当事人、代理人、辩护人、公诉人等入庭后进入法庭，但前述人员迟到、拒不到庭的除外；

（五）不得与诉讼各方随意打招呼，不得与一方有特别亲密的言行；

（六）严禁酒后出庭。

第三十条 庭审中的言行

（一）坐姿端正，杜绝各种不雅动作；

（二）集中精力，专注庭审，不做与庭审活动无关的事；

（三）不得在审判席上吸烟、闲聊或者打瞌睡，不得接打电话，不得随意离开审判席；

（四）平等对待与庭审活动有关的人员，不与诉讼中的任何一方有亲近的表示；

（五）礼貌示意当事人及其他诉讼参加人发言；

（六）不得用带有倾向性的语言进行提问，不得与当事人及其他诉讼参加人争吵；

（七）严格按照规定使用法槌，敲击法槌的轻重应当以旁听区能够听见为宜。

第三十一条 对诉讼各方陈述、辩论时间的分配与控制

（一）根据案情和审理需要，公平、合理地分配诉讼各方在庭审中的陈述及辩论时间；

（二）不得随意打断当事人、代理人、辩护人等的陈述；

（三）当事人、代理人、辩护人发表意见重复或与案件无关的，要适当提醒制止，不得以生硬言辞进行指责。

第三十六条 宣判时注意事项

（一）宣告判决，一律公开进行；

（二）宣判时，合议庭成员或者独任法官应当起立，宣读裁判文书声音要洪亮、清晰、准确无误；

（三）当庭宣判的，应当宣告裁判事项，简要说明裁判理由并告知裁判文书送达的法定期限；

（四）定期宣判的，应当在宣判后立即送达裁判文书；

（五）宣判后，对诉讼各方不能赞赏或者指责，对诉讼各方提出的质疑，应当耐心做好解释工作。

这几条的规定，包括了出庭、庭审、庭审中对各方的态度以及宣判时的礼仪要求。庭审是法官工作最受注意的场合，是国家司法权公正性的重要表现场合，也是司法工作较为外显化、可见度较高的环节，因而关于庭审过程中法官的言行的规则，内容比较多而且具体。这些礼仪对于巩固法院的权威、保障各方对审判活动的信心、充分行使各方的诉讼权利都具有积极的意义。

（三）法院外法官行为的规则

"八、业外活动"中对法官在法院之外的行为表现也进行了规定，规则的内容相对来说更容易理解和操作，这些要求有利于提升法官的职业形象。

这一部分的核心要求在"第八十条第（三）"项的内容中，"（三）约束业外言行，杜绝与法官形象不相称的、可能影响公正履行职责的不良嗜好和行为，自觉维护法官形象。"这部分内容可以概括为"职业形象原则"，即法官的任何法院之外的活动，都应当有利于维护法官的职业形象而不应当损害法官的职业形象。这看起来似乎比较抽象，但人们在具体的社会活动环境中对法官行为还是有着比较明确的判断，因而其执行与操作是切实可行的。

这些规定大约可分为两部分，其一是法官的非法官身份的活动，包括学术活动、社会活动、个人创作活动与媒体关系。在这些活动中，法官虽然仍然是法官，但并不是在履行法官的司法裁判职能，因而更多是以其个人其他的角色与身份在进行活动，比如学者、作家、社会评论家等。然而，由于法官的社会地位之重要与显赫，使得人们会非常看重其在这些非履职活动中的言行，因而法官仍然不能因非履职而不自居于法官的地位。第八十一到八十四条就详细规定了这些具体的情形。

第八十一条 受邀请参加座谈、研讨活动

（一）对与案件有利害关系的机关、企事业单位、律师事务所、中介机构等的邀请应当谢绝；

（二）对与案件无利害关系的党、政、军机关、学术团体、群众组织的邀请，经向单位请示获准后方可参加。

第八十二条 受邀请参加各类社团组织或者联谊活动

（一）确需参加在各级民政部门登记注册的社团组织的，及时报告并由所在法院按照法官管理权限审批；

（二）不参加营利性社团组织；

（三）不接受有违清正廉洁要求的吃请、礼品和礼金。

第八十三条 从事写作、授课等活动

（一）在不影响审判工作的前提下，可以利用业余时间从事写作、授课等活动；

（二）在写作、授课过程中，应当避免对具体案件和有关当事人进行评论，不披露或者使用在工作中获得的国家秘密、商业秘密、个人隐私及其他非公开信息；

（三）对于参加司法职务外活动获得的合法报酬，应当依法纳税。

第八十四条 接受新闻媒体与法院工作有关的采访

（一）接受新闻媒体采访必须经组织安排或者批准；

（二）在接受采访时，不发表有损司法公正的言论，不对正在审理中的案件和有关当事人进行评论，不披露在工作中获得的国家秘密、商业秘密、个人隐私及其他非公开信息。

上述规定的核心原则是既要避免实质性的利益交换与不恰当行为，也要避免形式方面的可能产生嫌疑的不恰当行为。法官不能仅以其自我内心的确信来行动，而要给社会可能的怀疑与质疑以合理的预期与交待，符合公众对法官形象的要求。

第二方面的内容是法官的私人交往。法官也是人，也有其日常生活与私人联系，在法院之外不可避免地会发生这些联系与交往。不过，如前所述，法官难以摆脱出现在人们面前时仍然被视为法官的这一社会角色，因而，其仍然需要时时处处考虑到自己的法官身份，在实质上与形式上都要避免对自身的职业形象造成消极影响的可能。第八十五到八十八条就详细地规定了这些内容。

第八十五条 本人或者亲友与他人发生矛盾

（一）保持冷静、克制，通过正当、合法途径解决；

（二）不得利用法官身份寻求特殊照顾，不得妨碍有关部门对问题的解决。

第八十六条 本人及家庭成员遇到纠纷需通过诉讼方式解决

（一）对本人的案件或者以直系亲属代理人身份参加的案件，应当依照有关法律规定，平等地参与诉讼；

（二）在诉讼过程中不以法官身份获取特殊照顾，不利用职权收集所需证据；

（三）对非直系亲属的其他家庭成员的诉讼案件，一般应当让其自行委托诉讼代理人，法官本人不宜作为诉讼代理人参与诉讼。

第八十七条 出入社交场所注意事项

（一）参加社交活动要自觉维护法官形象；

（二）严禁乘警车、穿制服出入营业性娱乐场所。

第八十八条 家人或者朋友约请参与封建迷信活动

（一）不得参加邪教组织或者参与封建迷信活动；

（二）向家人和朋友宣传科学，引导他们相信科学、反对封建迷信；

（三）对利用封建迷信活动违法犯罪的，应当立即向有关组织和公安部门反映。

法官在法院之外的工作生活，要尽可能地避免社会公众不必要的消极联想与不利猜测，这使得法官在法院外的工作生活受到了较多的限制。不过，社会既赋予了法官以巨大的裁判权力与崇高的职业声望，也赋予其优厚的职业保障与物质利益，这些方面的"牺牲"与自我克制也是法官应当为司法制度付出的"代价"。当法官把职业伦理规则内化为自身主动与自觉的行动时，应该已经不再感受到外在的束缚，而为一种强烈的自律精神所代替。有些法官也确实以这样的个人修养，树立起了良好的职业形象。

三、法官职业的"五个严禁"（2009）要求

在众多的法官职业伦理规则中，最高人民法院 2009 年发布的"五个严禁"相对而言条文不多，但更为提纲挈领，值得进行说明。

最高人民法院《关于"五个严禁"的规定》的具体内容如下：

一、严禁接受案件当事人及相关人员的请客送礼；

二、严禁违反规定与律师进行不正当交往；

三、严禁插手过问他人办理的案件；

四、严禁在委托评估、拍卖等活动中徇私舞弊；

五、严禁泄露审判工作秘密。

在《最高人民法院关于违反"五个严禁"规定的处理办法》（本节中简称《处理办法》）中，对上述五个方面的情况分别进行了更详细的规定，使得上述"五个严禁"更具操作性。

第二条 "五个严禁"规定所称"接受案件当事人及相关人员的请客送礼"，是指接受案件当事人、辩护人、代理人以及受委托从事审计、评估、拍卖、变卖、鉴定或者破产管理等单位人员的钱物、请吃、娱乐、旅游以及

其他利益的行为。

第三条 "五个严禁"规定所称"违反规定与律师进行不正当交往",是指违反最高人民法院、司法部《关于规范法官和律师相互关系维护司法公正的若干规定》以及最高人民法院的相关制度规定,与律师进行不正当交往的行为。

第五条 "五个严禁"规定所称"在委托评估、拍卖等活动中徇私舞弊",是指在委托审计、评估、拍卖、变卖、鉴定或者指定破产管理人等活动中徇私情、谋私利,与相关机构和人员恶意串通、弄虚作假、违规操作等行为。

《关于"五个严禁"的规定》中第一、二、四条禁令与上述三条《处理办法》的内容,都涉及法官与当事人与律师的利益交换问题,禁令要求法官严格保持廉洁性,保持其公正的地位。

第四条 "五个严禁"规定所称"插手过问他人办理的案件",是指违反规定插手、干预、过问、打听他人办理的案件,或者向案件承办单位(部门)的领导、合议庭成员、独任审判人员或者其他辅助办案人员打招呼、说情等行为。

《关于"五个严禁"的规定》的第三条禁令及《处理办法》第四条所规定的内容,在国外法官伦理规则中比较少见。法官利用权力和便利干预其他法官的案件,是中国人情社会中特有的现象,这一规定是比较具有针对性的。

第六条 "五个严禁"规定所称"泄露审判工作秘密",是指违反规定泄露合议庭或者审判委员会讨论案件的具体情况及其他审判、执行工作秘密的行为。

《关于"五个严禁"的规定》的第五条禁令与《处理办法》第六条的内容,是关于法官的保密义务的。法官应当对其在工作中接触到的各种秘密承担保密义务。违背这一义务,对于司法机关与法院的权威有重大损害。

四、《中国人民共和国法官职业道德基本准则》（2010）的规定

对法官除了伦理规则的要求，在职业道德方面提出要求也是题中应有之义。《中华人民共和国法官职业道德基本准则》（最高人民法院 2001 年 10 月 18 日发布，2010 年 12 月 6 日修订后重新发布）（以下简称《准则》）就专门对法官职业道德提出了若干要求。该《准则》内容比较系统和完备，以下根据该《准则》对我国法官职业伦理规则进行一个基本讨论。

《准则》设立总则章，对此进行了规定。

第二条 法官职业道德的核心是公正、廉洁、为民。基本要求是忠诚司法事业、保证司法公正、确保司法廉洁、坚持司法为民、维护司法形象。

第三条 法官应当自觉遵守法官职业道德，在本职工作和业外活动中严格要求自己，维护人民法院形象和司法公信力。

这部分的内容，分别说明了《准则》的制定目的与立法依据；确立了中国法官职业伦理的核心要求。这些要求概括起来是三个核心、五类要求。从其内容来看，三个核心就是五类要求中的三类，因此，直接将其概括为五个原则。

（一）忠诚原则

第二章的标题是"忠诚司法事业"，《准则》内容的相当一部分强调了法官职业的政治性，在当代中国的现实条件下这样的表述是可以理解的。

第四条 牢固树立社会主义法治理念，忠于党、忠于国家、忠于人民、忠于法律，做中国特色社会主义事业建设者和捍卫者。

第五条 坚持和维护中国特色社会主义司法制度，认真贯彻落实依法治国基本方略，尊崇和信仰法律，模范遵守法律，严格执行法律，自觉维护法律的权威和尊严。

第六条 热爱司法事业，珍惜法官荣誉，坚持职业操守，恪守法官良知，牢固树立司法核心价值观，以维护社会公平正义为己任，认真履行法官职责。

第七条 维护国家利益，遵守政治纪律，保守国家秘密和审判工作秘密，

不从事或参与有损国家利益和司法权威的活动，不发表有损国家利益和司法权威的言论。

当代中国的法院与法官，在相当程度上不可能脱离中国的政治现实，对掌握司法裁判权力的法官群体来说，政治忠诚原则是第一位的要求。在目前，政治忠诚突出地表现为对执政党领导的忠诚，地方法院的法官则表现为对地方党委领导的服从与配合。在未来，随着司法逐步回归自身的角色，以忠于宪法作为法官职业之政治忠诚才是最佳表述。

上述的条文表现为几层意思：其一，政治忠诚；其二，法律忠诚；其三，职业忠诚；其四，保密义务或维护国家利益原则。对忠诚原则的这些丰富表述，考虑到法官职业的现实环境，它们合起来共同构成目前中国法官职业伦理中的忠诚原则。法官从事的事业是党和人民的事业，因而要站在党和人民的政治立场上，具备政治忠诚；法官职业本身是以宪法和法律为依据的事业，法官除了宪法和法律之外，没有自己的特殊立场与利益，因而需要具备法律忠诚；法官之为法官，全在于它符合法律与社会对法官职业的期待，因而，法官必须按照相应的要求来履行职责，具备职业忠诚；法官作为承担特殊功能的社会角色，有机会了解和掌握相应的秘密，也有可能损害国家利益，因而保密或维护国家利益是对法官的基本要求。以上几方面内容，共同构成了法官职业的忠诚原则。

（二）公正性原则

第三章的标题是"保证司法公正"。这部分的内容主要表达了法官职业伦理的公正性原则要求。具体包括：一是审判独立（第八、九条）；二是程序公正（第十、十一条）；三是司法公开（第十二条）；四是司法回避（第十三条）；五是排除司法干预（第十四条）。

所谓公正，不能停留在抽象的宣告上，需要以具体的制度来保障和实现。这部分的条文把公正原则落实为具体的制度，使得法官能够在工作中保障自己的公正性。具体来说，各条都有其侧重点。

第八条较为全面地阐述了法官的审判独立原则。法官要做到不受其他不合理因素的干预。我国关于这一问题的表述是"人民法院独立行使审判权"，而并非强调"法官审判独立"。这一区别的内在含义是，对法院这一组织机构是信任的，对法官个人则是不信任的。因而，法官个人是否能够独立行使审判权，目前在观念上与表述上存在一定的模糊性。这在相当程度上与中国司法人员素质千差万别的现实密切相关，因而，权威机关没有明确表述法官个人是否可以独立行使审判权，这不是否定法官个人的独立审判权，而是保留了对可能的法官个人行使审判权过程中的错误进行纠正的主动性。法院系统内部存在的对于审判流程、审判质量的控制机制，则预先通过相应的理论与表述，预留出了相应的制度空间。第九条可以概括为依法审判原则，重申了"以事实为依据，以法律为准绳"的要求。

第八条 坚持和维护人民法院依法独立行使审判权的原则，客观公正审理案件，在审判活动中独立思考、自主判断，敢于坚持原则，不受任何行政机关、社会团体和个人的干涉，不受权势、人情等因素的影响。

第十条至第十一条的内容，具有较大的共性，可以概括为程序原则。法官的主要工作性质是审理案件，审理案件本身是依靠诉讼程序（程序原则）和法庭工作程序（时限要求）进行的，在每个法律环节，法官都要按照程序办事，也就是按照既有的各种程序性规则办事。

第十条 牢固树立程序意识，坚持实体公正与程序公正并重，严格按照法定程序执法办案，充分保障当事人和其他诉讼参与人的诉讼权利，避免执法办案中的随意行为。

第十一条 严格遵守法定办案时限，提高审判执行效率，及时化解纠纷，注重节约司法资源，杜绝玩忽职守、拖延办案等行为。

第十二条与第十三条，是两个比较具体的制度：司法公开原则与司法回避制度。

公开使得案件的信息能够为外界所了解，从而对法官履职形成明确的压力，也对其他干预司法的力量构成一种制约；回避则直接避免了法官可能对案件形成的不公正因素，既减少了法官司法不公的机会，也增强了当事人对司法公正的信心。第十三条的司法回避制度中，除了一般的关于司法回避的规定外，特别指出法官"不私自单独会见当事人及其代理人、辩护人"。凡是具有可操作性、能够根据其行为予以明确判断其是否符合或违反规则的，才是合格的职业伦理规则，第十三条这一规定是具有代表性的。

第十二条 认真贯彻司法公开原则，尊重人民群众的知情权，自觉接受法律监督和社会监督，同时避免司法审判受到外界的不当影响。

第十三条 自觉遵守司法回避制度，审理案件保持中立公正的立场，平等对待当事人和其他诉讼参与人，不偏袒或歧视任何一方当事人，不私自单独会见当事人及其代理人、辩护人。

第十四条是一个比较具体的关于法官职业伦理与行为规则的规定。根据其内容，可以将其概括为避免介入原则，这是对独立审判原则的一个消极规定和有益补充。中国是一个传统的人情社会，在许多方面，个人的行为习惯都保留了较多的重视人情的特点，拥有权力者很有可能受人情影响，从而有意无意地做出一些看似轻微实则对他人利益有重大影响的行为。第十四条的这一规定，具有现实指导意义。法官权力不应当受外力干预，这也包括不受其他法官的干预。这一要求具有明确的针对性。

第十四条 尊重其他法官对审判职权的依法行使，除履行工作职责或者通过正当程序外，不过问、不干预、不评论其他法官正在审理的案件。

（三）廉洁性原则

第四章标题是"确保司法廉洁"，这是在司法腐败比较严峻的大背景下特别强调的内容。

廉洁性原则由若干条文来表达，具体为：正确的权力观念（第十五条）；避免利益交换，这包括两部分：职业之内的廉洁履职（第十六条）与职业之外的廉洁履职（第十七条）；避免家属干预（第十八条）。

首先，法官掌握重要的裁判权力，由于司法裁判具有终局性与既判力，因而这一权力在现代社会中属于比较重要的权力。凡掌握重要权力者都必然会遇到各种各样的诱惑与腐蚀，法官显然也不能例外。因而，法官首先要具备正确的权力观念；其次，法官要避免手中的司法权力与利益交换，这包括被动地在履职过程中被利用，在履职活动外主动地追求利益交换两个方面，法官应当遵守各项廉洁纪律，这些纪律已经存在，法官只是需要严格地遵守而已；第三，由于权力者的家属都倾向于利用特殊影响获得利益，法官也同样需要注意这一方面。

第十五条 树立正确的权力观、地位观、利益观，坚持自重、自省、自警、自励，坚守廉洁底线，依法正确行使审判权、执行权，杜绝以权谋私、贪赃枉法行为。

第十六条 严格遵守廉洁司法规定，不接受案件当事人及相关人员的请客送礼，不利用职务便利或者法官身份谋取不正当利益，不违反规定与当事人或者其他诉讼参与人进行不正当交往，不在执法办案中徇私舞弊。

第十七条 不从事或者参与营利性的经营活动，不在企业及其他营利性组织中兼任法律顾问等职务，不就未决案件或者再审案件给当事人及其他诉讼参与人提供咨询意见。

第十八条 妥善处理个人和家庭事务，不利用法官身份寻求特殊利益。按规定如实报告个人有关事项，教育督促家庭成员不利用法官的职权、地位谋取不正当利益。

（四）人民性原则

第五章的标题是"坚持司法为民"，作为一向强调和注重人民性这一政治诉求的中国法院，对法官提出这一要求也在情理之中。

人民性原则具体由若干条文得以具体化和保障实现，具体表现为：群众观念（第十九条）；注重司法的社会功能（第二十条）；便民（第二十一条）；避免权力傲慢（第二十二条）。

第十九条的"群众观念"原则，要求法官重视群众的期望与要求，能从人民群众的立场考虑问题。

第十九条 牢固树立以人为本、司法为民的理念，强化群众观念，重视群众诉求，关注群众感受，自觉维护人民群众的合法权益。

值得注意的是第二十条与二十一条，它们重视司法的社会功能是避免单纯的法律形式主义态度，它不但要求案件获得法律上的解决，而且要获得根源上的解决，法官要考虑到案件之外的许多因素。这一要求在特定时期是比较突出的，不过从法律职业伦理上讲，对法官的这一要求超出了法官的职责范围，在中国法官面临职业重建与繁重工作量的情况下是不适当的。① 它在制度设计上超出了法官职业所能承受的工作压力，在某种程度上表现出与法官职业伦理一定的不协调性。

第二十条 注重发挥司法的能动作用，积极寻求有利于案结事了的纠纷解决办法，努力实现法律效果与社会效果的统一。

第二十一条 认真执行司法便民规定，努力为当事人和其他诉讼参与人提供必要的诉讼便利，尽可能降低其诉讼成本。

第二十二条的避免权力傲慢是在态度上对人民性原则的具体体现。权力傲慢是权力过度集中难以避免的现象，对法官的这一提醒是有益的。

第二十二条 尊重当事人和其他诉讼参与人的人格尊严，避免盛气凌人、"冷硬横推"等不良作风；尊重律师，依法保障律师参与诉讼活动的权利。

（五）职业形象原则

公正、廉洁与人民性，是法官职业伦理的三大核心原则，第二章从宏观方面对法官提出政治忠诚的要求，第六章对法官职业形象可能带来各种消极影响的一些具体事务进行了规范。

第六章的标题是"维护司法形象"，可以将其概括为职业形象原则，更符合中文表述习惯的说法应当是"维护法官职业形象原则"。

职业形象原则的要求是，凡是可能影响社会公众对法官职业之公正性、廉洁性与人民性之认知与判断的行为，都是法官在履职过程中所需要注意的细节。只要某种行为可能导致公众的消极认知，就应当避免。职业形象原则由若干条文来落实，具体是良好的精神状态（第二十三条）；司法礼仪（第二十四条）；良好的个人道德（第二十五条）；退休法官的职业道德（第二十六条）。

首先，良好的精神状态是能够被感知的个人内心世界的外在表现。因职业特点，法官在外在表现上要维护其良好的职业形象，因而需要遵守这一要求。

---

① 李旭东：《论司法裁判的法律标准——对社会效果与法律效果统一论的批评》，载《华南理工大学学报》2010年第5期。

第二十三条 坚持学习，精研业务，忠于职守，秉公办案，惩恶扬善，弘扬正义，保持昂扬的精神状态和良好的职业操守。

其次，司法礼仪是法官权威与公正形象的具体塑造过程，虽然当代中国的司法礼仪缺乏相应传统，但传统是在具体的场景与长期的实践中逐步确立与巩固的，因而应当重视司法礼仪。

第二十四条 坚持文明司法，遵守司法礼仪，在履行职责过程中行为规范、着装得体、语言文明、态度平和，保持良好的职业修养和司法作风。

再次，法官的私德严格说来属于其个人私域，但职业决定了法官不具有普通人那样广泛的私域，即使是纯粹的个人私域都可能使人对法官的形象产生许多联想，因而私域中法官应当尽量保持良好形象，这也是加之于法官的职业伦理。

第二十五条 加强自身修养，培育高尚道德操守和健康生活情趣，杜绝与法官职业形象不相称、与法官职业道德相违背的不良嗜好和行为，遵守社会公德和家庭美德，维护良好的个人声誉。

最后，退休后的法官虽然已经是普通人，但是由于其属于法官队伍，而且在中国社会中，退休者依然会发挥各种影响，因而退休法官也应当尽可能地遵守相应的职业伦理规则。

第二十六条 法官退休后应当遵守国家相关规定，不利用自己的原有身份和便利条件过问、干预执法办案，避免因个人不当言行对法官职业形象造成不良影响。

中国的司法改革仍然在进行之中，党的十八届四中全会对推进全面依法治国的部署，党的十九大报告中对司法改革内容的阐述，都对未来的制度发展方向提出了相应的目标。在司法制度改革的背景之下，法官职业伦理规则也将有所变化。

第三节 中国法官职业伦理规则的问题与挑战

中国传统社会是一个重视人情面子的关系社会，从积极的方面来说，中国社会因此具有更为强烈的团结性与组织性，它能够在正式的制度与机制之外，为完成各种社会事业而促进个人之间的协作与互相帮助；但从消极方面来说，它也是导致这种人情社会中的个人不得不违背原则、违反规则的特殊影响因素。"不近人情""不通人情世故""不给面子"，都是社会对人的不客气的评价，在这种浓重的社会氛围中，个人很难真正做到铁面无私、六亲不认甚至大义灭亲。大量的社会现实是，掌握权力的个人不得不承受因私人关系带来的各种持续有效的冲击，最终在各种压力之下屈服。这或许也是中国社会腐败风气难以彻底遏制的重要因素。

法官职业伦理在大陆法系中拥有比英美法系更为重要的地位。大陆法系有较强烈的诉讼职权主义传统，公共权力机关与公职人员具有比英美法系国家更为权威的地位。虽然法官的职业伦理比较重要，但中国社会的各种现实因素对它的消极影响不可低估，其中比较突出的是两个因素：一是以私人层面为主体的人情关系对法官职业伦理的影响，特别是律师对法官的不适当影响；二是以掌握权力的机关与官员个人为主体的权力所有者对法官职业伦理的影响。这两个问题是影响法官职业伦理行为与公众形象的主要因素，以下就分别对其进行讨论。

一、律师对法官的商业化影响

法律职业群体是一个相对封闭的小圈子，群体成员普遍曾在法学院接受专业教育，从业者之间有着各种密切的社会联系。即使双方本来并不认识，也非常容易按照中国社会的交往方式建立起内在认同并结成亲密关系。如果这种关系发生在律师与法官之间，会在相当程度上影响到法官的职业伦理形象，也在客观上影响审判的公正性。为此，《最高人民法院、司法部关于规范法官和律师相互关系维护司法公正的若干规定》（法发〔2004〕9号，在本节中简称《规定》），针对律师与法官的关系提出了明确的规范意见。

该《规定》指出："为了加强对法官和律师在诉讼活动中的职业纪律约束，规范法官和律师的相互关系，维护司法公正，根据《中华人民共和国法官法》《中华人民共和国律师法》等有关法律、法规，制定本规定。"这一文件的制定目的就在于规范法官与律师的关系。值得注意的有关内容可以概括如下：

一是法官要依法裁判，不受当事人及律师利用各种关系对案件的不正当影响。第二条对此进行了详细的规定。事实上，任何条文都难以穷尽中国传统的人际关系的复杂情况，但总体的原则是法官应当依法裁判，不受任何外在关系影响。

二是法官要遵守若干具体的行为规则。具体内容如下：

（1）如第三条所规定的，法官不得私自单方面会见一方当事人或其律师。因为这可能造成片面的印象，从而可能对对方当事人形成实质上的不公正。

（2）在可能存在利益冲突的情况下，法官要执行回避制度。

（3）法官不干预当事人选择代理人的事务，这是当事人自己的权利，法官不应介入。

中国的特殊情况可能是，当事人确实可能需要法官的推荐或帮助介绍代理人，这种情况在基层也是一种客观情况。不过，法官还是要尽可能避免此种情形，避免由此而影响自己职业形象的公正性。

（4）法官应当具备相应的司法礼仪。总体的原则是，维护和保持法庭庄严、公正的形象，保障法庭审理工作的正常进行。

律师对法官的影响基本上属于不掌握公权力的社会主体对法官的影响，这种影响由前述的《规定》来予以规范。

现代法治国家在私法领域的治理一般奉行"法无禁止即自由"的信条，虽然各种私人社会关系与交往方式可能对法官的职业行为造成各种复杂影响，却并不适宜由官方机构制定相应的规范性文件对此予以约束和限制，这违背私法自治的基本法治原则。应当支持律师协会以行业自治协会的主体地位为自己制定相关规则，规范本行业的自治。

在对律师与法官关系提出上述职业伦理行为的指导意见之后，法官可以参考该《规定》，谨慎地注意自己的言行，尽量符合法官职业的要求。法官作为掌握审判权力的官员，只能控制和约束自己的言行，对外界的各种影响则不能越界干预。市场主体可以采取各种不违反法律的行为，为其目的而拉拢法官，除了行业性的自治规则对自己所加的自我约束之外，国家并无权力对其进行过多的限制；惩戒手段应当由律师协会自己来掌握和行使。

二、领导干部对法官职业伦理的权力化影响

律师对法官的影响基本上属于商业性的,其他对法官职业伦理影响比较大的要数掌握权力的领导干部以及司法机关内部人员。律师对法官的影响,可以认为是一种"平等"的社会交换关系,律师以各种利益和好处为对价努力同法官建立一种权力寻租关系,法官是否接受这种"交换"在相当程度上还是可以选择的。

与上述的情况不同,有些非法要求可能就是法官难以抵制的。掌握权力的领导干部与司法机关内部工作人员,对法官就具有某种"不平等"的影响力。一般来说,权力位阶或行政级别高于法官的领导干部,对法官所提出的要求,具有明显的不平等性质与实质的威慑力;权力位阶相等或低于法官者的要求,虽然未必有强烈的威胁意味,但也构成了较明显的压力。因为,如果双方存在比较密切的工作关系,法官很难完全不寻求对方的工作配合,"得罪人"是非常不明智的。

因此禁止领导干部干预司法审判,禁止司法内部人员干预司法审判。这两类保障法官职业伦理的规范性文件是非常及时的。只有存在这样的规则并得到认真执行,人民法院独立行使审判权才可能得到真正落实;法官个人在职业工作中的各种压力才能够得到缓解,法官职业伦理建设才有比较宽松的环境。

(一)对领导干部干预司法的限制

2015年中共中央办公厅、国务院办公厅发布了《领导干部干预司法活动、插手具体案件处理的记录、通报和责任追究规定》(本节中简称《追究规定》)。该《追究规定》要求:"各级领导干部应当带头遵守宪法法律,维护司法权威,支持司法机关依法独立公正行使职权。任何领导干部都不得要求司法机关违反法定职责或法定程序处理案件,都不得要求司法机关做有碍司法公正的事情。"(第二条)

比较具体的制度体现在以下几个方面:

一是记录在案。包括领导干部个人或以组织名义的干预司法,都应当记录在案。

记录在案本身就使得干预司法者会有所顾虑，包括以组织的名义进行干预同样如此处理，就进一步避免了以组织名义干预司法。

"第五条 对领导干部干预司法活动、插手具体案件处理的情况，司法人员应当全面、如实记录，做到全程留痕，有据可查。

"以组织名义向司法机关发文发函对案件处理提出要求的，或者领导干部身边工作人员、亲属干预司法活动、插手具体案件处理的，司法人员均应当如实记录并留存相关材料。"

二是汇总上报与抄送。定期或者及时将干预司法的情况汇总分析、报送同级党委政法委与上级司法机关。后者可以抄送或通报相关机关。

这就使干预司法者必须考虑到自己所在单位与上级的压力，克制与收敛不适当的行为，同时也减轻了司法机关的工作压力。

"第七条 司法机关应当每季度对领导干部干预司法活动、插手具体案件处理情况进行汇总分析，报送同级党委政法委和上级司法机关。必要时，可以立即报告。

"党委政法委应当及时研究领导干部干预司法活动、插手具体案件处理的情况，报告同级党委，同时抄送纪检监察机关、党委组织部门。干预司法活动、插手具体案件处理的领导干部属于上级党委或者其他党组织管理的，应当向上级党委报告或者向其他党组织通报情况。"

三是具体干预司法的情形的规定。第八条具体地对这些情形进行了规定，这里把一些不好掌握的实际情况进行了列举，也使干预司法的有关人员在从事这些行为时没有任何借口为其违规行为辩护。

第八条 领导干部有下列行为之一的，属于违法干预司法活动，党委政法委按程序报经批准后予以通报，必要时可以向社会公开：

（一）在线索核查、立案、侦查、审查起诉、审判、执行等环节为案件当事人请托说情的；

（二）要求办案人员或办案单位负责人私下会见案件当事人或其辩护人、诉讼代理人、近亲属以及其他与案件有利害关系的人的；

（三）授意、纵容身边工作人员或者亲属为案件当事人请托说情的；

（四）为了地方利益或者部门利益，以听取汇报、开协调会、发文件等形式，超越职权对案件处理提出倾向性意见或者具体要求的；

（五）其他违法干预司法活动、妨碍司法公正的行为。

最高人民法院为此专门制定了对于该《追究规定》的实施办法。值得注意的是，《人民法院落实〈领导干部干预司法活动、插手具体案件处理的记录、通报和责任追究规定〉的实施办法》的第四条、第七条进一步明确了对领导干部干预司法的细节的规定。

第四条把对司法机关可能的各种影响方式进行了具体规定，使得实际工作人员在操作时有规则可遵循，将相关的制度具体化了，对于贯彻相关制度有积极意义。

第四条 人民法院工作人员根据本办法第二条履行记录义务时，应当如实记录相关人员的姓名、所在单位与职务、来文来函的时间、内容和形式等情况；对于利用手机短信、微博客、微信、电子邮件等网络信息方式过问具体案件的，还应当记录信息存储介质情况；对于以口头方式过问具体案件的，还应当记录发生场所、在场人员等情况，其他在场的人民法院工作人员应当签字确认。

上述记录及相关函文、信件、视听资料、电子数据等，应当一并录入、分类存储。书面材料一律附随案件卷宗归档备查，其他材料归档时应当注明去向。

第七条则进一步把干预司法的行为予以细化，以更可操作的十五项规定，建立起了更为严密的制度。这也使得司法机关内部实际执行相关制度要求的工作人员，在行为上有了较明确的依据。

（二）对司法机关内部工作人员干预司法的限制

司法机关内部人员因工作便利且熟悉有关机关工作人员，对司法干预具有特殊的影响力。2015年3月，中央政法委通过了《司法机关内部人员过问案件的记录和责任追究规定》（本节中简称《内部追究规定》），对司法机关内部人员干预司法的情况进行了规定。《内部追究规定》第九条以五款的内容对各种可能干预司法的情形进行了规定，明确了司法机关内部工作人员行为的尺度。

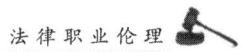

第九条 司法机关内部人员有下列行为之一的，属于违反规定干预办案，负有干部管理权限的司法机关按程序报经批准后予以通报，必要时可以向社会公开：

（一）在线索核查、立案、侦查、审查起诉、审判、执行等环节为案件当事人请托说情的；

（二）邀请办案人员私下会见案件当事人或其辩护人、诉讼代理人、近亲属以及其他与案件有利害关系的人的；

（三）违反规定为案件当事人或其辩护人、诉讼代理人、亲属转递涉案材料的；

（四）违反规定为案件当事人或其辩护人、诉讼代理人、亲属打探案情、通风报信的；

（五）其他影响司法人员依法公正处理案件的行为。

为贯彻上述规定，最高人民法院下发了关于印发《人民法院落实〈司法机关内部人员过问案件的记录和责任追究规定〉的实施办法》的通知，进一步细化了《内部追究规定》的可操作性。上述的规定针对司法人员的行为习惯，提出了明确的禁止性要求，对于改善法官审判工作的环境有积极意义。

三、法官职业伦理的现实挑战

法官职业伦理规则的要求，属于规范层面的内容。法官遵守这些伦理规则的客观环境，则属于事实层面的内容。法学属于规范科学，并不需要特别重视事实层面的内容，规范分析、法律解释、法条分析是法学家与法律人的基本方法。由于职业伦理涉及比较现实的环境，因此，对事实层面的内容还是应当予以关注。以下就对法官职业伦理所面临的一些现实困难进行一些讨论。

（一）忠诚原则中的政治性与专业性冲突

虽然《法官职业道德基本准则》在规定"忠诚"这一职业要求时，在条文上并不仅仅强调"政治忠诚"，还包括了法官对法律的忠诚之类的内容，但从中国的现实来看，这一条的核心是"政治忠诚"。政治忠诚的核心就是接受执政党的领导。这一要求对法官职业来说，尤其是法官个人的职业生涯来说，影响是比较复杂的。因此，在职业伦理中就存在政治忠诚与专业忠诚的一对矛盾。

这一对矛盾固然可以通过语言修辞的手法来回避，比如党的利益与法律的要求是一致的等等，但现实问题不会因修辞手法而消失。因而，应当认真面对这一问题。该问题单纯依靠法官自身甚至法院自身是无法解决的。国内学界对党的领导与司法独立的讨论已经有不少，这一讨论并不仅仅是一个理论问题，而主要是一个实践问题。

这一问题的解决，真正的出路所在只能是党的领导体制自身的发展，而不是司法机关和法官个人所能左右的。法律专业人士所能做的就是不断地提升自己的专业性，加强自身的职业伦理与行为规则的制定与执行。当具体的案件中发生政治性与专业性的冲突时，法官还是要坚持以法治标准来裁判。

中共中央已对领导干部干预司法明确提出禁令，并多次进行强调。这表明中共中央是有决心不断推动法治事业的进步与法律职业的专业化的。现实中的困难是如何坚持法治原则、确立相应制度，为法官提供具体的必要的制度保障。法官个人也要加强专业素养与职业伦理，更好地服务于法治事业。

（二）公正性原则中法院非超然性与公正性的矛盾

在法治条件下，法官应当只服从法律，而不存在其他的上级。中国的法治建设长期处于复杂与曲折的环境中，上述的理想环境并不存在，法院与法官都需要在现实条件下逐步建立起专业权威与职业伦理规则。对此最大的问题是法院与法官地位的非超然性、非中立性对其公正性的挑战。

在我国，法院属政法战线，接受党的政法委所领导。法官本身属于公务员编制，只有按照公务员编制，法官的物质与其他待遇才能获得保障。这也使得法官不能过分强调自己职业的特殊性与身份的超然。在此环境下，法官不得不一方面面临更多的社会期待——社会要求他们具有超然与独立的地位，承担起公正的裁判者角色；另一方面，法院既要完成审判业务，还要为党和政府排忧解难——根据一个时期党和政府的工作重点及时调整自己的工作重点，围绕中心工作开展司法服务。虽然这些工作可能会影响法官的超然、中立与公正的职业形象，但政治忠诚有利于保障其体制性地位，行政服从则有利于保障其获得稳定的体制利益,确保在现实中有其地位。因而这一冲突给法官职业造成了巨大困难。

(三)廉洁性原则中的法官待遇与廉洁问题

法官拥有较大的权力与权威,是因为司法裁判具有两大特点:一是终局性,司法判决具有最终性,在法院判决作出之后,不可以重新提起同样的争议;① 二是既判力,即司法判决具有必然性特点,决定必须得到执行,拒绝执行法院判决将遭到立即的严厉的制裁,其严重后果导致没有人愿意公然对抗法院的裁判。

按照阿克顿勋爵的名言:权力会导致腐败,绝对的权力绝对地导致腐败。法官既然掌握权力,就必然会面临各种腐败的侵蚀,这对法官职业伦理规则中的廉洁性提出了严峻挑战。西方国家主要在两个方面解决这一问题:主观方面,法官与法律职业共同体自身的荣誉观念与职业操守,使得他们并不愿意接受他人的贿赂出卖自己的职业尊严;客观方面,法官自身的待遇比较优厚,有各种保障机制,使得法官的个人意志与道德品质并不需要特别超越常人,也能保持其职业行为的廉洁性。

中国法官的现实情况就不容乐观。客观方面,法官的待遇在公务员各主要职业中并不高,可能还比较低;工作比较辛苦,责任比较大,职业发展的前景也相对有限。如果长期让法官处于这样的环境中,让其产生并保持其职业的尊荣感,形成良好的职业伦理,是非常不容易的。主观方面,中国社会是一个人情与关系社会,② 虽然近年来工业化与城市化的发展对社会结构有较大改变,不过中国人的交往方式与生活习惯同样有了新的发展,法官处于事事要求人且自己也被人求的状态之下,是否还能维持职业伦理的廉洁性,是存在不小问题的。

在未来,大幅度地提高法官的职业待遇并形成良好的法官职业保障制度,是中国法官维持其职业伦理之廉洁性标准的重要前提。不过,近期看这

---

① 党政机关也已经开始尊重司法判决的终局性,开始拒绝接受"涉讼信访",即法院已经做出决定的,各级机关不再接受上访。也就是说,党政机关开始承认司法判决的有限的终局性效力。不过,由于中国法院目前还不是社会解纷的唯一权威机关,甚至严重缺乏权威,这一有限的进展的效果仍然有待观察。

② 冯必扬:《人情社会与契约社会——基于社会交换理论的视角》,载《社会科学》2011年第9期。

一改革前景仍未必现实。

（四）人民性原则中的群众立场与司法权威

人民性是中国政治统治的合法性来源，群众路线是党和政府的基本工作方法。一切工作都要以为人民服务和满足群众需要为出发点和归宿。司法工作也不例外。这就提出了法官职业的司法权威与群众立场的矛盾。

如上所说，法官是现代社会中的权威裁判者，掌握着解决社会纠纷的重要权力，也具有重要的社会权威。法官作为拥有裁判权力者，在于其权威的终局性与不可挑战。终局性意味着最终的裁判由法官作出之后，再无其他可救济渠道。裁判同时具有既判力，即司法判断作出之后应当实际得到执行，因为它不仅仅是某一法官个人或某一法院机构的决定，它是代表国家司法权所做出的决定，不执行则国家的统治权威就受到了挑战。目前中国法院裁判的终局性与既判力表现尚不理想，人民群众也不完全信任法院裁判的终局性。

国务院通过了《信访条例》，赋予公民上访的权利，只是不鼓励"越级上访"，因为越级上访会导致上级机关与上级领导被基层的访民所包围，影响上级机关的日常工作秩序。《信访条例》本身的出台，对于司法的终局性与既判力有一定的消极影响，但这是在"群众路线"的政治原则下所不得不承认并采取的一个办法。

既要坚持人民性原则以维持司法权力的政治正当性，还要保障司法权威以实现其社会职能，法官职业在面对这一对矛盾时确实困难重重。如何解决这一问题，还有更多的工作要做。

（五）职业形象原则中维护职业形象与法官社会交往

维护良好的法官职业形象是法官的职业伦理要求，这对法官的日常生活也提出了明确要求。在现实生活中，法官要符合这一要求则存在较大的困难。举例来说，法官是否应当参加同学会、老乡会及校友会？按照中国传统，这本来不成为一个问题。然而，严格地说，法官与某些人是同学关系、老乡关系或校友关系，并且具有密切的联系，这都足以构成人们对法官职业的某种猜疑，因而是应当避免的行为。那么，是否应当对法官提出这种要求呢？

首先，从未来长期发展来看，中国法官必然要接受这样的职业伦理规则要求。尽可能避免参加社会公众所积极参与并有意组织的各种社会联谊性组织，将自身从各种复杂的社会关系中抽离出来，以保持独立的社会公正形象。

从近期来看，法官具体的生存环境处处受制于各种复杂的现实条件，日常生活对其职业行为的各种限制还没有消除，不能超然物外。近期应当努力的是为法官的超然公正地位创造各种观念条件与制度条件。条件成熟之后，法官自身就会注意维护自己的形象，这些要求就会成为他们自觉的追求。作为社会问题处理专家，法官须保持必要的社会交往，美国学者同样并不赞成法官脱离社会，认为"法官必须保持与外部世界的接触，与外部世界的联系，丰富了法官的情感，提高了其作出困难裁决的能力"。作者也引用霍姆斯法官的话："法律的生命从来不是逻辑，而是经验"。[①]

其次，中国法官与西方法官相比待遇与地位过低，更加容易被腐蚀。法治发达国家的法官，权力更大，他们也自然同样地会接触到各种诱惑，国外法官的职业声誉之所以比较稳定、比较具有公信力，有制度方面的原因。在中国，法官是公务员，因而只能按照公务员的相应级别来获得体制之中的物质利益。法院本身也有级别，比同级政府低半级，这导致以"官本位"规则来分配利益的体制无法给予法院与法官更多的利益，同时也没有足够的依据来承认法官的劳动的专业性。事实上，目前的法官往往比同级别的其他公务员生存处境更困难。因此，法官群体出现腐败现象也就不奇怪了。

解决之道是未来应当提高法官的职业尊严感或尊荣感。法官职业伦理规则本身是法官展开职业生涯的必要条件，而提升法官的职业尊严感与尊荣感，是提升法官职业地位的真正基础。在现代社会，待遇优厚是吸引新人选择相关职业的基本条件，在条件允许的情况下，应当积极推进对法官待遇的改善与提高，从而让法官群体感受到自己职业带来的尊严，具有职业荣誉

---

① Jeffrey M. Shaman: Judicial Ethics, Geo. J. Legal Ethics, 1988（2）: 2.

感,这是实现廉洁原则的最坚实的基础。法治建设如果缺乏一个真正公正独立且高度重视自己职业尊荣的法官群体,显然是缺乏基本保障的。

中国法官的职业伦理正逐步向规范化方向发展。陈瑞华教授曾经对中国法官责任制度的构建概括了三种模式:传统的以"错案追究制"为代表的结果责任模式,后来发展为违法审判责任制,由违法审判责任制发展而来的程序责任制,他建议应当以职业伦理责任模式来重构中国法官的责任制度。① 随着中国法官职业伦理规则的不断完善,这一发展趋势必将进一步加强,并在制度方面有重要的推进。

本章思考题

1. 介绍美国法官职业行为规则的内容。
2. 论述中国法律职业伦理规则的主要原则。
3. 试述当代中国法官职业伦理面临的主要困难。
4. 列举当代中国法官职业伦理规则的主要规范性文件。

---

① 陈瑞华:《法官责任制度的三种模式》,载《法学研究》,2015年第4期。

第四章

检察官职业伦理规则

检察官在法律职业中的地位主要与检察机关在各自国家司法体制中的地位有关。检察机关是主要承担刑事侦查与国家公诉职能的机关,英、美等国将其视为行政机关而不是司法机关。中国的检察机关与国外的检察机关在体制地位上有明显不同。当代中国受苏联体制的影响,检察院特别承担着对法院进行监督的职能,以防止法院枉法裁判。目前我国宪法的国家机关体制为"一府一委两院",除了各级人民代表大会产生各级人民政府、各级人民法院与各级人民检察院之外,2018年3月,党中央从全面从严治党出发,为实现党内监督与人民监督有机结合,重新构建监察制度,组建国家、省、市、县监察委员会,同党的纪律检查机关合署办公。国家监察委由全国人大产生,负责全国监察工作;地方各级监察委员会及主任由本级人民代表大会产生。

第一节　各国检察官职业伦理规则

与法官不同的是,检察官的地位在各国制度中的差异比较大。其中,中国检察官之职业地位,可能是各国检察官中地位最高的,在某种意义上,中国检察官具有越超法官的地位,有的研究者形象地将其称为"法官之上的法官"。①

一、各个国家与地区的检察机关之地位

检察官的职业身份之归属主要依据国家对检察机关之性质的定位,即检察机关是行政机关还是司法机关,由此而决定各国对检察官的职业身份定位,即检察官在制度定位上究竟属于司法官员还是行政官员。世界各主要国家关于检察机关的定位大体有三种,分别为:大陆法系模式、英美法系模式与中国模式。

(一)大陆法系检察机关兼具行政机关与司法机关的属性

大陆法系传统的检察机关有两大特点:"(一)检察机关既是司法机关,又隶属于行政机关。"②"(二)检察机关享有较为广泛的职权。"③通过各国检察机关的比较,可以使人更清楚地看到各国制度上的不同。

法国实行全国集中统一的检察体制;德国则分联邦检察机关与州检察机关,为独立的两套体系。"在法国,由司法部长统一指挥和领导全国各级检察机关,下级检察官必须接受上级检察官的指导与监督;而德国由于实行联邦制,联邦检察院检察长受联邦司法部长指挥,州检察院检察长受州司法部长指挥,联邦检察机关对州检察机关不负有监督、领导职责。"④

日本检察机关隶属法务部,属于行政序列;法国的检察机关相比日本检察机关司法性特点更多一些。"日本比照美国司法制度进行改革后,严格按照三权分立模式配置国家权力,检察机关隶属于法务部,在体制上属于行政序列,在检察权的性质上具有明显的行政性特征;而法国检察机关虽然从本质上讲也是行政机关附设于司法机关的机构,但由于与审判机关合署,并且

---

① 陈瑞华:公安何以滥用权力,http://www.aisixiang.com/data/107336.html,最后访问时间:2018年1月5日。
② 朱孝清、张智辉:《检察学》,北京:中国检察出版社,2010年,第128页。
③ 朱孝清、张智辉:《检察学》,北京:中国检察出版社,2010年,第129页。
④ 朱孝清、张智辉:《检察学》,北京:中国检察出版社,2010年,第57页。

对司法权具有较大的干预和监督作用，所以司法属性比较明显。"①

我国台湾地区的检察制度与日本的比较类似，"检察院"隶属于行政系统的"法务部"，属于明确的行政机关。"1980年，台湾地区仿效西方进行司法改革后，高等以下各级法院改属于'司法院'，整个法院系统在领导关系上形成了统一。原隶属于'行政院'的'司法行政部'改为'法务部'，检察机关由'法务部'管辖。'法务部'内设机构'检察司'负责管理检察事务工作，……这样，台湾地区的法院和检察院便分别属于'司法院'和'行政院'管辖。"②

我国香港地区的检察机关（律政司）同样属于行政机关，不过受到英国制度的一些影响。"香港特区的检察机关是律政司。检察机关在香港特区不属于司法机关，而属于行政部门。香港特区政府律政司是香港最大的法律机构，由于它的职能涉及诉讼和司法，是一个具有特殊地位的行政性法律机构，其设置主要模仿英国检察制度而设立，它既是政府的法律咨询机构和法律工作机构，又是刑事检控机构。"③

在法院与检察院的关系上，大陆法系国家较多采用了审检合署模式，检察机关是驻法院内的独立机构。"该种审检合署的设置模式目前在一些大陆法系国家仍然实行。审检合署模式的核心特征是检察机关派驻于法院内，检察机关和法院共用法院内设的行政管理部门和书记处。检察机关名称为驻某法院检察院。但需要强调的是，在审检合署模式下，法院与检察院之间并没有隶属关系或者领导关系。检察机关一般属于行政系统，而法院属于司法系统。检察机关独立于法院，不受法院院长的领导。"④ 采取这种体制的国家，检察机关有着某种明显的司法属性，与单纯的行政机关有一些差异。

（二）英美法系检察机关是行政机关

英、美等国的检察机关是明确的行政机关。"就法律地位而言，英美法系的检察机关通常被定位为政府法律顾问，隶属于政府行政系统。总的说

---

① 朱孝清、张智辉：《检察学》，北京：中国检察出版社，2010年，第59页。
② 朱孝清、张智辉：《检察学》，北京：中国检察出版社，2010年，第116－117页。
③ 朱孝清、张智辉：《检察学》，北京：中国检察出版社，2010年，第113页。
④ 朱孝清、张智辉：《检察学》，北京：中国检察出版社，2010年，第246页。

来，英美法系国家的检察机关一般隶属于国家元首或政府首脑，总检察长由司法部长兼任，由总统（首相）在征得参议院同意后任命，任期届满前，由国家元首或政府首脑宣布免职。"①

在检察机关与法院的关系上，英美法系国家则采取审检分署模式，视检察机关为纯粹的行政机关。"英国、美国等当事人主义国家传统上采取审检分署模式，主要原因在，这些国家检察官是纯粹的行政官员，未被赋予欧洲大陆法系国家检察官所享有的司法特性。"② 此种模式下的检察机关，作为纯粹的行政机关，承担纯粹的行政职能，不享有司法性质的特权。因而，检察机关的地位不可能与法院并列，只能居于司法裁判权之下。

（三）中国的检察机关是司法机关，检察权与审判权同属于司法权

相比之下，中国检察机关的定位在世界范围内显得比较特殊。从历史渊源来看，它来自于苏俄时期的检察制度。"苏联检察机关的一般监督职能与司法监督职能是种与属的关系，一般监督是上位概念，司法监督是下位概念，一般监督包括司法监督。"③ 这种制度赋予了检察机关以一般监督的广泛职能，与只具有司法监督职能的检察机关相比，中国检察机关的监督权的范围明显扩张。这一体制在"文革"结束之后得到了重建，目前运行多年已经较为稳固。

《中华人民共和国人民检察院组织法》（1995年2月28日第八届全国人民代表大会常务委员会第十二次会议通过，2018年10月26日由中华人民共和国第十三届全国人民代表大会常务委员会第六次会议修订通过）对人民检察院的地位进行了明确规定。该法第二条即规定："中华人民共和国人民检察院是国家的法律监督机关。"

该法第二十条对检察权的内容进行了规定：

第二十条 人民检察院行使下列职权：

---

① 朱孝清、张智辉：《检察学》，北京：中国检察出版社，2010年，第133页。
② 朱孝清、张智辉：《检察学》，北京：中国检察出版社，2010年，第247页。
③ 朱孝清、张智辉：《检察学》，北京：中国检察出版社，2010年，第77页。

（一）依照法律规定对有关刑事案件行使侦查权；

（二）对刑事案件进行审查，批准或者决定是否逮捕犯罪嫌疑人；

（三）对刑事案件进行审查，决定是否提起公诉，对决定提起公诉的案件支持公诉；

（四）依照法律规定提起公益诉讼；

（五）对诉讼活动实行法律监督；

（六）对判决、裁定等生效法律文书的执行工作实行法律监督；

（七）对监狱、看守所的执法活动实行法律监督；

（八）法律规定的其他职权。

综合上述内容，检察权的内容大体包括：刑事侦查、对公安机关侦查的案件审查与决定刑事诉讼措施，提起公诉，对司法狱政机关进行监督。

在法院与检察院的关系上，中国模式的检察机关之地位优越于审判机关即法院，检察机关与审判机关共同分享国家司法权，二者是地位平等的国家机关；在某种意义上检察机关还要优越于法院，因为检察机关对法院具有"法律监督"的职能。近些年来，法院通过专业化建设大大提升了自己的独立地位，法律界也对各国检察体制与司法体制有了更多了解，使得制度建设的方向明显地趋于提升法院的独立地位，检察机关传统的优越地位开始受到质疑。

在检察机关与公安机关的关系上，有些国家的检察机关的地位则优越于公安机关，例如美国，"美国检察机关享有一定的侦查职能，但检察机关与警察机关的权限仍然是分离的，虽然绝大多数州的检察官不具有领导、指挥警察的权力，但就具体案件可以与警察协作进行，或者对警察的侦查工作提出具体要求。而英国的侦查职能都控制在警察手中，检察官没有进行侦查的职责，也没有指挥或领导警察进行侦查的权力。"[①]

二、检察官的职业伦理规则

检察机关的地位决定了检察官的身份与地位，进而决定了其职业伦理规

[①] 朱孝清、张智辉：《检察学》，北京：中国检察出版社，2010年，第69页。

则的内容。

（一）各国检察官的地位

检察机关的地位与检察官的地位是密切相关的。法治发达国家的检察官有一些共性，检察官被普遍视为政府的诉讼当事人。

"法国的检察官被定位为代表政府的诉讼当事人"；德国与日本"则既强调了检察官的非当事人性质也强调了检察官的司法官性质。"[①]

在日本，检察官相对独立于检察机关，更具有司法官的特点。"检察官并不服从于所属检察厅的长官命令，而是独立地行使检察权。"[②] 检察官"不具有作为司法官的完全的独立性""要负一定的作为法律家的客观义务。这样，检察官的地位就是准司法官"[③]。

从上述讨论来看，根据检察官的地位可划分为两大类别：美国与法国的制度是一种模式，即检察官作为代表国家的律师，作为一方当事人；德国与日本的情况是一种模式，即检察官是一种特殊的公务员，既是公诉案件的一方，检察机关是具有一定司法性质的国家机关。

（二）当代检察官职业伦理规则的主要渊源

当代主要的关于检察官职业伦理的规则大体如下：

"如美国1983年《模范职业行为规则》（Model Rules of Professional Conduct）和1991年《国家检察标准》（National Prosecution Standards），英国1994年《皇家检控官守则》（Code for Crown Prosecutors），欧洲2000年《刑事司法体系中公诉之原则》（The Role of Public Prosecution in the Criminal Justice System）和2005年《检察官伦理及行为准则》（'布达佩斯准则'）（European Guidelines in Ethics and Conduct for Public Prosecutors, 'the Budapest Guidelines'），我国台湾地区1992年《检察官守则》和2012年《检察官伦

---

① ［日］森际康友：《司法伦理》，于晓琪、沈军译，北京：商务印书馆，2010年，第167页。
② ［日］森际康友：《司法伦理》，于晓琪、沈军译，北京：商务印书馆，2010年，第170页。
③ ［日］森际康友：《司法伦理》，于晓琪、沈军译，北京：商务印书馆，2010年，第171页。

理规范》,香港特别行政区2009年《检控政策及常规》,等等。"①

日本学者讨论了该国检察官的几种专业职务责任:其一,作为公务员的责任,需要承担公务员法上的义务;其二,检察官与被害人的关系比较复杂,开始从注重检察官保护被害人到注重被害人自己对其权利的维护;其三,检察官与国家检察职业的伦理准则,应当注意接受国际人权标准对检察官职业伦理规则的逐步完善,等等。②

在我国,检察官明确地属于司法机关,人民法院与人民检察院共同构成国家的司法机关,都在行使国家的司法权。最高人民检察院制定了一系列关于检察官职业伦理的规范,构成了我国检察官的职业伦理规则的基本内容。

上述规范性文件的效力尚限于有关国家和地区范围内,另外两个关于检察官职业伦理文件的影响更为广泛一些:"联合国《检察官角色指引》(Guidelines on the Role of Prosecutors,以下简称《指引》)和国际检察官联合会《检察官专业责任守则和主要职责及权利的声明》(Standards of Professional Responsibility and Statement of the Essential Duties and Rights of Prosecutors,以下简称《声明》),是当今国际社会具有广泛影响力的关涉检察官职业伦理的两个文件。"③ 这两个文件的影响力比较广泛,学界对其有专门的讨论。

(三)检察官职业伦理规则的共识性理解

上述两份文件为检察官的职业伦理总结了若干共识。

"《指引》是联合国制定的有关检察官职责要求的国际性法律文件,共24条,旨在协助会员国确保和促进检察官在刑事诉讼程序中发挥积极有效、不偏不倚和公正无私的作用,并对检察官的遴选条件、能力要求、基本权利、职业伦理等方面作出了规定。在职业伦理方面,《指引》列举了检察官的忠诚、保密等义务,并对刑事诉讼活动中检察官的具体职业伦理作出了规

---

① 张志铭、于浩:《国际检察官职业伦理评析》,载《国家检察官学院学报》2014年第1期,第38页。
② [日]森际康友:《司法伦理》,于晓琪、沈军译,北京:商务印书馆,2010年,第178-182页。
③ 张志铭、于浩:《国际检察官职业伦理评析》,载《国家检察官学院学报》2014年第1期,第37页。

定，如保护人权、保障公共利益、依法办案、排除非法证据等。"[1] 上述内容，我国修订后的《刑事诉讼法》对其有较大幅度的吸收。

"《声明》是国际检察官联合会于1999年4月23日通过的国际文件，旨在为各国检察官的职业伦理和起诉活动提供具有普遍意义的国际基准。全文共6条，除规定忠诚、保密、保障人权、客观公正等原则外，更多地从独立、公正、合作等方面揭示了检察官职业伦理的基本内涵，重申了检察官在刑事追诉中的重要作用，为检察官行为明晰了标准。"[2]《声明》对忠诚、人权、客观公正原则的强调及独立、公正、合作的伦理要求，表达了各国对检察官伦理的一些基本理解。

《指引》和《声明》对检察官的职业伦理提供了比较合理与稳定的框架，反映了检察官这一职业的伦理要求，对于各国检察官职业伦理规则的制定与修改有着积极的启示。

第二节　中国检察官职业伦理规则

中国检察官是司法官员，作为法律职业群体的一员，其地位是确定的。根据宪法，最高人民检察院是最高国家检察机关，行使国家检察权，与行使国家审判权的最高人民法院一起共同行使国家司法权，具有同等重要的宪法地位。

中国检察官的职业伦理的规范性文件已经有不少，其地位和作用各不相同。不过由于不同的文件制定于不同的时代，带有明显的时代印记，这在相当程度上也影响到规范本身的科学性与严肃性。

中国检察官的职业伦理规则表现为一种比较混乱和缺乏体系的状态，"自20世纪80年代以来，除《中华人民共和国检察官法》外，最高人民检察院曾先后制定实施有近20份涉及检察官职业行为规范的文件，形成了一种在检察官职业伦理文件载体上极为分散的形态。在内容上则给人留下极为

---

[1] 张志铭、于浩：《国际检察官职业伦理评析》，载《国家检察官学院学报》2014年第1期，第38页。

[2] 张志铭、于浩：《国际检察官职业伦理评析》，载《国家检察官学院学报》2014年第1期，第38页。

杂乱的印象，没有辨析检察官职业道德和职业伦理的不同，把握职业伦理的行为规范属性……"① 换句话说，人们对中国检察官职业伦理的理解在逐步变化，相关的规则也表现出这种发展与过渡，但多个规范性文件的过渡性，则使得检察官伦理规则缺乏整体的内在协调性和系统性，需要加强相关研究，增强相关规范的内在协调性与规范的体系化。

关于中国检察伦理规则的相关研究已经有不少。有的研究认为，"……尊重现实人性，固守'底线伦理'；发挥示范作用，形成'引导伦理'；重在制度建设，生成'规制伦理'；协调矛盾冲突，确立'至上伦理'。"② 从该文的内容来看，"底线伦理"与"引导伦理"的提法受到伦理学关于规范伦理与美德伦理范式的影响；"规制伦理"比较接近检察官职业伦理的基本要求，"至上伦理"强调"公正"是解决各种原则冲突的最高标准。这说明对检察官职业伦理的研究正在接近其本质特点。

有的研究对检察官的职业伦理进行了内容的划分，将其分为内部伦理与外部伦理，按照作者的认识，"所谓检察官的外部伦理，是指检察官基于职务行使及其特殊身份而在对外联系中需遵循的行为准则；所谓检察官的内部伦理，则是指检察官在检察机关内部工作中应当遵循的行为准则，主要包括服从的伦理和合作的伦理。"③ 这些研究既表明职业伦理规则已经成为当代中国检察事业发展的迫切需要，也体现出中国学者多方面的探索。

中国检察官的职业伦理规则主要包括《中华人民共和国检察官法》中的有关内容、《检察官职业行为基本规范（试行）》、《检察人员纪律处分条例（试行）》与《检察官职业道德规范》等。

一、《中华人民共和国检察官法》（2001）的规定

关于检察官的地位与职能，《中华人民共和国检察官法》（1995年2月28日第八届全国人民代表大会常务委员会第十二次会议通过，根据2001年6

---

① 张志铭、于浩：《国际检察官职业伦理评析》，载《国家检察官学院学报》2014年第1期，第44页。
② 龙宗智：《检察官客观义务与司法伦理建设》，载《国家检察官学院学报》2015年第3期，第21页。
③ 万毅：《检察官职业伦理的划分》，载《国家检察官学院学报》2014年第1期，第3页。

月30日第九届全国人民代表大会常务委员会第二十二次会议《关于修改〈中华人民共和国检察官法〉的决定》修正。本节简称《检察官法》）进行了相应的规定。该法第二条对检察官的地位进行了规定：

"检察官是依法行使国家检察权的检察人员，包括最高人民检察院、地方各级人民检察院和军事检察院等专门人民检察院的检察长、副检察长、检察委员会委员、检察员和助理检察员。"

该法第六条对检察官的职能进行了规定：

检察官的职责：

（一）依法进行法律监督工作；

（二）代表国家进行公诉；

（三）对法律规定由人民检察院直接受理的犯罪案件进行侦查；

（四）法律规定的其他职责。

《检察官法》第三十五到第三十七条，对检察官的职业行为进行了详细的规定，并且规定了相关的处分种类。第三十五条的规定，可以视为中国检察官职业伦理规则的重要渊源。

第三十五条 检察官不得有下列行为：

（一）散布有损国家声誉的言论，参加非法组织，参加旨在反对国家的集会、游行、示威等活动，参加罢工；

（二）贪污受贿；

（三）徇私枉法；

（四）刑讯逼供；

（五）隐瞒证据或者伪造证据；

（六）泄露国家秘密或者检察工作秘密；

（七）滥用职权，侵犯自然人、法人或者其他组织的合法权益；

（八）玩忽职守，造成错案或者给当事人造成严重损失；

（九）拖延办案，贻误工作；

（十）利用职权为自己或者他人谋取私利；

（十一）从事营利性的经营活动；

（十二）私自会见当事人及其代理人，接受当事人及其代理人的请客送礼；

（十三）其他违法乱纪的行为。

本条的规定共有十三项具体内容，包括检察官各种可能的职业违规行为，以禁令性规范的形式对检察官的职业伦理规则进行了基本的规定。在上述规定对检察官的职业伦理行为提供了明显的指引的基础上，该法的第三十六、第三十七两条同时规定了违反相关规则的罚则，构成了比较完整的检察官职业伦理规则体系。

二、《检察官职业道德规范》（2002）的要求

《检察官职业道德规范》（以下简称《规范》）于 2002 年 2 月 26 日最高人民检察院以高检发政字［2002］10 号公布。该《规范》的表述文字相对简练，较集中地表述了中国检察官的职业伦理规则。

（一）忠诚原则

对于忠诚原则，《规范》表述如下：

忠于党、忠于国家、忠于人民，忠于事实和法律，忠于人民检察事业，恪尽职守，乐于奉献。

人民检察院作为国家的公权力机关，与法院类似，它也应当保持对国家宪法和法律的忠诚，在当代中国，首先保持对执政党的忠诚。因此，对于检察官的这一原则也可以表述为"政治忠诚原则"，不过，《规范》并未单独强调政治忠诚，而是包括了法律忠诚，专业忠诚等丰富内容。

（二）公正原则

崇尚法治，客观求实，依法独立行使检察权，坚持法律面前人人平等，自觉维护程序公正和实体公正。

检察官的公正，与法院法官的公正有所不同。法官的决定具有终局性与既判力，检察官的决定则不具有这种特点，检察官的决定需要提交法院，由法官判断采信之后才能产生法律效力。对于检察官的决定，当事人可以通过行使其诉讼权利进行对抗。因此，二者的公正要求有所差异。检察官的公正

原则强调的是，任何掌握公共权力者都应当贯彻公正原则，公正地对待所有的各方当事人。

（三）清廉原则

模范遵守法纪，保持清正廉洁，淡泊名利，不徇私情，自尊自重，接受监督。

清廉原则主要表达的是检察官在执法过程中能够保持清正廉洁。因为，检察官掌握着公共权力，廉洁是对一切掌握公共权力者的必然要求。

（四）严明原则

严格执法，文明办案，刚正不阿，敢于监督，勇于纠错，捍卫宪法和法律尊严。

与其他机关的公务人员不同，检察官还有一个重要的工作性质是，承担国家公诉权，这要求检察官在发现犯罪行为时不能姑息，要严格地按照法律的要求执法。

三、《检察人员纪律处分条例（试行）》（2004）的规定

《检察官法》是 1995 年制定、2001 年修订的，其后的 2004 年，最高人民检察院又发布了《检察人员纪律处分条例（试行）》（2004 年 6 月 1 日经最高人民检察院第十届第十三次检察长办公会讨论通过，以下简称《条例》）。该条例对检察人员的纪律处分进行了较全面的规定，从内容上看，规定比《检察官法》要更为详细和具体，整部《条例》的篇幅也比较长。

（一）违反检察官职业伦理规则的惩戒措施

《条例》第二节集中规定了检察纪律处分的种类与适用，与职业伦理规则关系密切。

对于检察官违反职业纪律的处分类型，具体由第六条和第十四条作了规定：

第六条 检察纪律处分分为：警告、记过、记大过、降级、撤职、开除。

第十四条 纪律处分的影响期限分别为：

一 警告，6个月；

二 记过，12个月；

三 记大过，18个月；

四 降级、撤职，24个月。

（二）违反检察官职业伦理规则的具体规定

"第二章分则"中按照检察官职业行为中可能发生的违规行为分类作了规定。如"第五节违反政治纪律的行为"与"第六节违反组织、人事纪律的行为"，都对相关的行为进行了详细规定。

与职业伦理规则更为密切的是第七节与第九节。"第七节违反办案纪律的行为"以禁令性规范的方式，对检察官的职业伦理规则进行了系统性的表述，包括从第四十条至第六十一条的内容，涉及到检察官办案的各类行为。"第九节违反廉洁从检规定的行为"对这类行为进行了详细表述。

"第十三节严重违反社会主义道德的行为"对该类行为进行了规定。这部分内容主要对检察官的个人私德提出了相应的要求。

四、《检察官职业行为基本规范（试行）》（2010）的规定

2010年10月，最高人民检察院制定了《检察官职业行为基本规范（试行）》，对检察官的职业行为提出了系统的规范要求。规范中有六个部分涉及职业伦理规则，分别是：职业信仰、履职行为、职业纪律、职业作风、职业礼仪、职务外行为。

第一，"职业信仰"的部分规定强调了检察官要坚持政治信念、维护公平正义、恪守职业道德。

第二，"履职行为"部分对检察官的履职行为提出了具体要求，分别是：依法履职，客观公正；同时要关心群众，接受监督。

第三，"职业纪律"部分规定比较详细，包括了政治纪律、组织纪律、工作纪律、廉洁纪律、办案纪律、保密纪律，同时还包括了公务用车与警用

车纪律、禁酒纪律。

第二十八条的工作纪律，可以概括为勤勉原则，其内容为："严守工作纪律，爱岗敬业，勤勉尽责，严谨细致，讲究工作质量和效率，不敷衍塞责。"

第二十九条可概括为廉洁原则，其内容是："严守廉洁从检纪律，认真执行廉洁从政准则和廉洁从检规定，不取非分之财，不做非分之事，保持清廉本色。"

第三十一条可概括为保密原则，其内容是："严守保密纪律，保守在工作中掌握的国家秘密、商业秘密和个人隐私，加强网络安全防范，妥善保管涉密文件或其他涉密载体，坚决防止失密泄密。"

第四，"职业作风"部分的内容分别从思想、学习、领导、生活、执法几个方面指出检察官要注意作风，注重履职的良好形象。

第五，"职业礼仪"部分分别从工作、着装、接待与语言、外事活动等几个方面对检察官的职业礼仪提出了具体要求，检察官的言行应符合相应工作的要求，符合检察官自身的职业形象。

第六，"职务外行为"部分的内容要求检察官慎重社会交往、谨慎发表言论、遵守社会公德、弘扬家庭美德、培养健康情趣，从各方面对检察官职业之外的行为提出了要求。

规范对检察官的职业伦理作了较全面的规定，具有较强的可操作性，是检察官职业伦理规则的重要文件。

上述几个规范性文件并非有关中国检察官职业伦理规则的全部，不过它们对建构中国检察官职业伦理规则体系具有重要作用。

五、法官、检察官职业惩戒制度的建立

2016年10月12日，最高人民法院、最高人民检察院联合印发了《关于建立法官、检察官惩戒制度的意见（试行）》（以下简称《意见》），对法官、检察官的惩戒制度进行了规定。其主要内容如下：

（一）司法官职业惩戒制度建设的初步意见

具体包括：设立法官、检察官惩戒委员会；对惩戒委员会的组成人员提

出了具体要求；由省一级的法院、检察院承担这一工作。《意见》对惩戒委员会的人员构成也提出了相应的建议。

"三、法官、检察官惩戒工作由人民法院、人民检察院与法官、检察官惩戒委员会分工负责。

"人民法院、人民检察院负责对法官、检察官涉嫌违反审判、检察职责行为进行调查核实，并根据法官、检察官惩戒委员会的意见作出处理决定。"

设立法官、检察官的职业惩戒制度对于促进司法官的职业伦理建设是有制度性的进步意义的，未来应当明确惩戒机构的地位及具体的运作程序。

（二）惩戒委员会的具体工作内容

《意见》对惩戒委员会的工作职责进行了规定，具体包括如下内容：

五、惩戒委员会的工作职责：

（一）制定和修订惩戒委员会章程；

（二）根据人民法院、人民检察院调查的情况，依照程序审查认定法官、检察官是否违反审判、检察职责，提出构成故意违反职责、存在重大过失、存在一般过失或者没有违反职责的意见；

（三）受理法官、检察官对审查意见的异议申请，作出决定；

（四）审议决定法官、检察官惩戒工作的其他相关事项。

惩戒委员会不直接受理对法官、检察官的举报、投诉。如收到对法官、检察官的举报、投诉材料，应当根据受理权限，转交有关部门按规定处理。

（三）惩戒程序的规定

相关的惩戒程序具体包括三个方面，构成了一个完整的体系。

一是惩戒方与被惩戒方各自如何提出意见与进行辩护的规定。

七、惩戒委员会审议惩戒事项时，有关人民法院、人民检察院应当向惩戒委员会提供当事法官、检察官涉嫌违反审判、检察职责的事实和证据，并就其违法审判、检察行为和主观过错进行举证。当事法官、检察官有权进行陈述、举证、辩解。

二是具体的惩戒措施以及相关的处理办法，规定如下：

八、惩戒委员会经过审议，应当根据查明的事实、情节和相关规定，经全体委员的三分之二以上的多数通过，对当事法官、检察官构成故意违反职责、存在重大过失、存在一般过失或者没有违反职责提出审查意见。

十、法官、检察官违反审判、检察职责的行为属实，惩戒委员会认为构成故意或者因重大过失导致案件错误并造成严重后果的，人民法院、人民检察院应当依照有关规定作出惩戒决定，并给予相应处理。

（一）应当给予停职、延期晋升、免职、责令辞职、辞退等处理的，按照干部管理权限和程序依法办理；

（二）应当给予纪律处分的，依照有关规定和程序办理。

法官、检察官违反审判、检察职责的行为涉嫌犯罪的，应当将违法线索移送有关司法机关处理。

免除法官、检察官职务，应当按法定程序提请人民代表大会常务委员会作出决定。

惩戒委员会以绝对多数原则对法官、检察官的职务行为是否违反规则作出决定，并要求法院、检察官给予其相应制裁，超出法院与检察官的职权范围的违反规则的行为，则应提交其他机构处理。

三是法官与检察官不服惩戒的争议程序。具体规定如下：

十一、当事法官、检察官对惩戒决定不服的，可以向作出决定的人民法院、人民检察院申请复议，并有权向上一级人民法院、人民检察院申诉。

惩戒委员会的决定对司法官个人利益有重要影响，应当赋予其申诉的权利，《意见》对此规定明确了相应的救济渠道。

法官、检察官作为司法官员，维护法治与公正是职责所在，当他们违反相关的职业伦理规则时，设置专门的惩戒制度对其进行惩戒是非常必要的。这一制度应当既有利于维护司法官队伍的整体职业伦理水平，同时也能够保障受到惩戒的司法官个人的权利。《意见》的规定还相对比较简单，需要在执行中继续得以完善。

第三节　中国检察官职业伦理的发展前景

由于检察机关的地位和性质情况各异，因而检察官在国际范围内的职业地位略有不同。本节主要以中国的现实制度为依据,讨论中国检察官的职业伦理发展的有关问题与发展前景。

一、中国检察官职业伦理的前景

为推进检察队伍的建设,2013年5月最高人民检察院制定了《关于加强和改进新形势下检察队伍建设的意见》(下文简称《意见》),这是检察官职业伦理建设的一个规范性文件。所谓"检察队伍建设"实际上就是中国语境中的检察官职业伦理建设,其内容也集中论述了检察机关未来一个时期职业能力与伦理建设的主要任务,其中与职业伦理规则相关的内容大体如下:

(一)重视加强检察官的职业道德教育与发展检察文化

在"二、加强思想政治建设,坚定检察队伍建设正确的政治方向"的目录下,分别有两条内容与此有关。

(五)强化职业道德培育。把职业道德教育作为经常性思想教育的重要内容,深入学习、践行检察官职业道德基本准则、职业行为基本规范。开展职业精神、职业信仰教育,强化职业素质培育,建立和完善检察机关树立良好执法形象和加强执法公信力建设的措施制度。完善检察职业道德教育培训、监督制约、考核评价等长效机制,推动检察职业道德建设制度化、常态化、实效化。

(六)发展繁荣检察文化。认真贯彻加强检察文化建设的决定,充分发挥检察文化引领、渗透、融合、凝聚作用,不断提升检察人员的精神境界。……促进全体检察人员自觉做社会主义道德的示范者、诚信风尚的引领者、公平正义的守护者。

这里使用的术语仍然是"职业道德",重视职业道德教育与道德建设,但也增加了较具操作性的内容,为检察官伦理规则的建设提供了积极动力。

(二)重视检察官专业化与能力建设

检察官的专业化与能力建设,是检察官职业伦理的重要内容。《意见》对此有明确表述。

第一，在"五、加强检察队伍专业化建设，提高检察队伍整体素质和法律监督能力"中，着重强调检察队伍的专业化建设。检察队伍的素质与专业能力，是职业技能问题，也是职业伦理规则的重要内容。检察官只有具备基本的专业能力，才能承担起专业任务。第（十六）条强调以专业的教育培训体系来提高人员的专业素质与能力；第（十七）条更是在能力建设中把"法律监督能力"的提升作为重点。

（十六）构建专业化检察教育培训体系。制定岗位素能基本标准，突出专业化要求，以领导干部、业务一线和基层检察人员为重点，分层分类开展领导素能、任职资格、专项业务、岗位技能培训。……以完善的专业化培训体系保证检察人员专业化程度提高。

（十七）围绕提高法律监督能力推进专业化建设。着眼增强执法能力素质，以做好群众工作、维护社会公平正义、新媒体时代社会沟通、科技信息化应用、拒腐防变五个能力建设为抓手，以法律监督能力为核心，开展全员专业化培训。……

第二，在"六、加强检察队伍职业化建设，提高检察队伍管理科学化水平"中，强调了职业化建设的顶层设计，对未来的检察改革提出了一些具体的方向和意见；职业化管理的制度体系建设有许多具体的考量，对于促进检察官的专业化、职业化有积极的作用；职业化的保障，是推进检察改革与检察官的职业化不可缺少的内容。

（十八）加强职业化建设的顶层设计。准确把握职业化建设的主要目标，突出强化职业教育、职业管理、职业保障，确保检察人员依法公正行使检察权。……

（十九）完善职业化管理制度体系。完善落实检察人员分类管理制度，推进检察人员分类管理改革，完善实施检察官单独职务序列和司法警察单独职务序列，科学设置员额比例，制定检察辅助人员职务设置等配套规定。建立完善检察人员职业准入制度，……探索建立执法资格证和专业评级制度。……

（二十）强化检察队伍职业化保障。

近年来，设立国家监察机关的呼声较为强烈，而这一重要机关的设立对于检察机关及检察官的职业地位的影响是比较突出的。2018年3月23日，国家监察委员会正式揭牌，国家监察委有三大职责——监督、调查、处置。该机关设立之后，与同级的党的纪律检查机关合署办公，理论上实现了对所有行使公权力的公职人员监察全覆盖。2018年全国人大对《宪法》进行了重新修订，未来一个时期国家监察委员会之设立所引起的国家基本权力结构变化将逐步显现，相关研究将陆续展开。目前暂不宜多论。

二、中国检察官职业伦理的若干挑战

由于中国法治建设的相对滞后，中国检察官不可避免地受到各种各样的考验。对于检察官的职业伦理要求往往比较抽象，而现实的问题则比较复杂，这些复杂的问题非西方法治发达国家的检察官伦理规则所能解决，在此集中进行一些讨论。

（一）政治忠诚与专业忠诚的冲突

这一冲突在论述法官职业伦理的部分已有讨论。中国法官与检察官在职业地位上有相似之处，法官职业伦理部分的相关讨论在此处也有效。

需要指出，检察官与法官相比，其职务行为更易受执政党和政府部门的约束，他们遇到的职业伦理的困难比法官更为严重。与审判权的被动性相比，检察权则具有相当强烈的主动性与裁量性，这使得检察官因为要执行上级命令而比法官更为经常地面临严峻的职业伦理困境。

从法律角度的建议是：严格依法办事是检察官职业伦理的一条底线。当面临政治忠诚与专业忠诚的冲突时，通俗地说，当面临领导要求与法律责任时，要最大可能地运用制度内的规则资源保护自己，不致成为各种政治腐败与违法甚至犯罪行为的替罪羊。

严格地说，政治忠诚对于普通的检察官来说，可能更应当从法治标准来判断。但由于中国各级党政领导干部习惯于将下级对自己命令和指示的态度视为"政治"问题，现实情况一日不改变，检察官的职业环境就只能承受这些压力。中国社会正处于转型时期，不少领导干部的法治观念落后于法治的现实进程，容易对检察官提出一些违法违规的要求，令作为下级的检察官左右为难。在此，检察官必须坚持法治标准，严格依法办事；同时，相应的保障检察官职业安全的相关职业制度建设也应当迅速推进，避免检察官过度频繁地处于此种现实的矛盾之中。有学者论述了公务员在面临这种冲突时的可能选择，检察官面临此种职业困境时同样可以借鉴。①

（二）检察公正与法院公正的差异

检察官的职业伦理规则中同样有公正原则，它要求检察官要公正对待各方当事人。然而，与行使审判权的法院相比，检察机关的公正原则有所不同。

一方面，检察官同样行使公权力，需要公正对待所有人。这是公正原则的意义所在。另一方面，由于检察机关与检察官在行使权力的过程中，往往还要等待法院的裁判，他们与对方当事人（往往是被诉方）共同处于接受法院审理与裁判的地位上，在此，法院的公正高于检察机关的公正；表达这一含义的是法学家哈特所说的"法院的决定的不谬性"，哈特认为："最高法院对于法律是什么拥有最后的决定权。当它做成决定时，说法院是'错的'在体系中并不具有任何效果：没有人的权利或义务会因此改变。……对这些事实的考量使得去区分最高法院之裁判的终局性和不谬性的做法似乎是学究式的。"② 法院是个会犯错的，因为在现实中并无纠止法院错误的机关。检察院的公正则不具有法院审判公正（即一般所说的司法公正）那样的至上地位，它主要表现在公正对待当事人，以及对法院进行抗诉与行使"法律监督"的职能上。

但在实践中检察机关与检察官的权力行使可能会影响到法院的公正。比如，检察机关往往会出台自己的检察解释，人民法院与人民检察院分别对《刑事诉讼法》的具体实施出台了相应的审判解释与检察解释，如果这两种解释内容对当事人的权利规定有所不同，检察官应该如何行事？从目前的情况看，这一问题还不是问题，但随着律师辩护权利的增强和检察官职业伦理建设的加强，这一问题可能会发生，并给检察官提出相应的难题。

---

① 罗利丹：《上级错误命令执行的责任风险及其规制》，载《浙江学刊》2014 年第 4 期。
② ［英］哈特：《法律的概念》，许家馨、李冠宜译，北京：法律出版社，2006 年，第 136 页。

（三）清廉原则与检察机关待遇的提升

清廉是一切公务人员的职业伦理。但由于检察官与犯罪嫌疑人尤其是与职务犯罪的嫌疑人打交道，就有更多的权力寻租机会。[①] 庞大的公务员队伍中，只有掌握权力并且该权力具有裁量性较强、隐蔽性的特点时，才容易腐败。因此，清廉原则对检察官的要求是基本的，但现实的诱惑与挑战也是比较大的。

一方面，检察官应当时时以清廉原则严格要求自己，保证自己的职务行为符合职业伦理；另一方面需要指出，由于检察官的职业准入资格严格、工作压力较大、职业诱惑较多，要给予检察官以较为优厚的物质待遇，使其能够更为容易地按照清廉原则来要求自己。既然在制度上赋予了检察官以司法官的地位，就应当在物质待遇上给予其应有的报酬。

现实的困难在于，中国的官本位体制决定一切物质资源的分配只能按照级别来分配，此外的分配方式都会引起其他职业群体的不满。因而，虽然应当给予检察官和法官优厚的物质待遇，以相对改进其职务晋升困难、职业发展狭窄的现状，但目前我们对未来的改进空间还难有乐观期待。法律专业人士应当为改善法官、检察官的职业待遇继续呼吁，期待未来条件成熟时能够实现。

（四）严明原则与辩诉交易机制

严明原则作为一个检察官职业伦理规则的学理依据是，检察机关与检察官所行使的是国家公权力，承担的是国家责任，因而，它不同于遵循当事人处分原则的民事问题，不可以由法律专业人员以功利或其他目标为依据进行相应的权宜考虑。因此，检察机关与检察官既掌握了国家检察权，就要执法必严，不允许根据其他的原因进行司法裁量与行政裁量，而且在法律上这样的行为是违法的，要承担相应的法律责任。

以检察机关的公诉权为例，虽然犯罪行为由检察机关代表国家提起公

[①] "寻租"是一个经济学概念，它是指掌握权力的人利用权力为个人利益的目的而进行权钱交易的行为。参见孙同鹏：《寻租问题的法律思考》，载《政法论坛》2001年4期。

诉，这是检察机关与检察官的基本权力与责任。检察权作为一种公权力，可以调动较多的国家资源甚至国家强制力；从检察权行使作为一种职业责任的角度，检察官如果不积极运用各种国家统治资源来履行职责，就违背法律，应当承担相应的法律责任。

然而，一切制度运行都需要相应的制度成本，都要有相应的物质条件与财富资源来支持其运行。是否需要不计成本地追溯一切犯罪行为、不计成本地对一切案件进行彻底的侦查与公诉，在现实中存在着某种程度的"让步"与妥协，比较突出的例子是国外的辩诉交易制度。这一制度的要义在于：节约制度成本、最大限度地将检察机关的资源有效利用。检察机关与检察官作为公诉方，要与辩方即犯罪嫌疑人及其代理人进行谈判，根据情况，可以主动放弃或停止进行需要耗费大量制度资源的某些侦查活动。检察机关居然和犯罪嫌疑人谈判，而犯罪嫌疑人居然与国家机关能平等地讨价还价，这一做法令传统的中国检察观念难以接受。不过，学界的讨论促进了思维的理性化，对于上述制度的发展有积极的借鉴意义。①

在法律职业群体中，检察官职业伦理规则的研究相对弱一些，原因在于，检察官的不少职业伦理规则及律师及法官相似，有些国家直接将其纳入律师这一群体之中，视之为"国家的律师"；有的国家将其纳入法官这一群体之中，视之为从事国家公共权力的特殊法官。此外，检察官具有行政官员的特点，对其职业伦理的研究相对较少。

本章思考题：

1. 与国外检察制度相比，中国检察制度的特殊性有哪些？
2. 介绍中国检察官职业伦理规则的基本内容。
3. 介绍中国检察官职业伦理面临的主要困难。

---

① 陈瑞华：《刑事诉讼法修改对检察工作的影响》，载《国家检察官学院学报》2012年4期。

第五章

律师职业伦理规则

律师职业有着悠久的历史,律师的职业伦理也同样如此,在中国该职业可追溯到战国时代的邓析,在西方则可追溯到古希腊的智者学派。在经济全球化时代,律师更是一个国际性的法律职业,其职业伦理规则也具备了一定的国际性、普遍性。由于律师是最具有代表性的法律职业,在各法律职业中,律师职业伦理规则发展得最为成熟,最具系统性。

第一节 各国律师职业伦理规则

律师在世界各国的地位各有不同。在法治发达国家,律师的地位比较显赫,律师在长期的执业传统中逐步确立起了自己的权威性地位。其中,美国律师的地位更为突出,这与美国建国本身是一场法律上的事件——要求保障自己的独立权利,并且不少法律人士如托马斯·杰斐逊等是这一历史事件的领导人——有关。本节对国外律师情况的讨论,暂以美国律师的情况为主,有时也论及其他国家的律师职业。

一、各国律师职业伦理规则的基本情况

各国关于律师职业伦理规则有多种规定。其中美国律师界在世界范围内的影响比较广泛,其相关的规则也具有较突出的影响。

（一）部分大陆国家律师伦理规则的情况

欧盟律师界制定了自己的职业伦理规则《欧盟律师行为规则》。"《欧盟律师行为规则》是 1960 年成立的欧共体律协与法学会联席理事会（Council of the Bars and Law Societies of the European Community）制定的，其宗旨是'就 1957 年《罗马条约》创立欧共体给法律职业共同体带来的问题与机遇进行研究、磋商'。"①

《欧洲律师协会（CCBE）序言》对律师角色的定义为：

在一个建立于法治信仰之上的社会，律师的角色比较特殊。只要法律允许，其职责就不限于诚实履行委托事务。律师不但要服务于客户，主张和维护客户的权利和自由，而且要服务于司法利益。律师不但要为客户权益进行辩护，而且可以为客户提供咨询意见。

因此，律师的职能使之对下列各方负有多种法律或道德的义务：（1）客户；（2）法院和其他相关机构——律师代表客户或维护客户利益的场所；（3）法律行业整体以及每一个具体的同行成员；（4）社会公众。对他们来说，自由而独立的法律职业是保护人权免受国家权侵害以及保护其他社会利益的必要手段。②

日本律师界也有自己的伦理规则。2004 年日本制定的新的律师伦理准则，对律师的角色与义务有如下规定：

（1）律师的职业使命是保护基本人权，实现社会公正，律师应当以实现其使命为己任。

（2）律师应当崇尚自由和独立，并以此为职责。

（3）律师应当懂得行业自治的重要性并努力维护和发展相关的自治制度。

（4）律师应当维护司法独立并努力促进司法系统的全面发展。

（5）律师应当尊重真相，诚实守信，公平而诚信地履行职责。

---

① 许身健：《欧美律师职业伦理比较研究》，载《国家检察官学院学报》2014 年第 1 期，第 52 页。
② [美] 詹姆士·E. 莫里特诺、乔治·C. 哈瑞斯：《国际法律伦理问题》，刘晓兵译，北京：北京大学出版社，2013 年，第 11 - 12 页。

(6) 律师应当珍视荣誉，讲求信用，坚守正直，在任何时候都努力维护自己的尊严。

(7) 律师应当培养自己的文化素质，努力学习，深入理解法律和法律业务。

(8) 律师应当积极参加和践行与其职业使命一致的公益活动。①

西班牙《司法组织法》对律师职责进行了规定："西班牙《司法组织法》（Ley Organica del Poder Judicia）规定了律师适当与不当行为的界限，确立了保守机密和惩戒程序等事项所应遵从的基本尺度。《司法组织法》规定，律师的职责是'维护公民的利益及权利，并与司法机关一起保障这些权利及利益。'西班牙律师对于其知晓的任何事情均须承担高度的保密义务。"②

法国的律师协会制定了自己的伦理规则。"在法国，全国性律师协会负责制定各种规则和条例，地方性律师协会则通过颁布决议案，即'律师指令'（Ordre des Avocats），详细列举律师的职责、行为规则及执业活动方式。例如，巴黎律师协会就开宗明义地规定了'法律职业的一般性原则，重申法律职业的自主性与独立性'。"③

（二）美国律师协会及其伦理规则的发展

受美国强势政治经济地位的影响，美国律师在世界上影响比较大，美国律师协会（全称American Bar Association，ABA）制定的示范规则，不但对本国法律界影响较大，也对世界其他国家的律师界的伦理规则具有较大影响。就美国来说，据学者研究，1975年以后，经济发展推动了国内经济的一体化，也促进了传统上相对分割的法律事务一体化。④

据介绍，作为美国法律人的专业性组织，美国律师协会于1878年成立，之后亚拉巴马州律师协会于1887年制定了第一个律师职业伦理法典，之后

---

① [美]詹姆士·E.莫里特诺、乔治·C.哈瑞斯：《国际法律伦理问题》，刘晓兵译，北京：北京大学出版社，2013年，第10-11页。
② 许身健：《欧美律师职业伦理比较研究》，载《国家检察官学院学报》2014年第1期，第51页。
③ 许身健：《欧美律师职业伦理比较研究》，载《国家检察官学院学报》2014年第1期，第51页。
④ H. Geoffrey Jr. Moulton: Federalism and Choice of Law in the Regulation of Legal Ethics, Minn. L. Rev., 1997, (82): 81.

有十多个州模仿。美国律师协会于 1908 年制定了自己的律师职业伦理法典。这一伦理法典虽然也不断受到批评,不过逐渐被各州所接受,其地位逐渐巩固下来,其对法律职业发展的重要性也得到了承认,被称为"规制法律人的'法律'"。① 不过,与影响扩大相伴随的是对它的持续批评,因而,ABA 组织了较强的人力进行较大幅度的修订,并于 1969 年获得通过,并成立专门的委员会来推动各州接受新的"示范法典"。这一进程比较顺利,到 1972 年,除了三个州外,其他各州都采用了《ABA 规则》,取得了比较明显的成效。②

按照学者的认识,ABA 这次修订的成就可以概括为"法律化"(Legalization)。示范法典完成了"由同业自助手册式的规范到强行性的法典"的性质的巨大跨越。③ 1983 年的修订比较大,之后仍然陆续有所修订,但大体的内容和框架基本上稳定下来。

关于美国律师协会的伦理规则,情况要复杂一些。有学者对相关情况的介绍如下:

"在美国,由于律师的执业属于律师群体的自治或自律性行为,政府一般不加干预,因此,国会对此没有做出专门的立法,而由各个州的律师协会对法律职业进行规制。各州律师协会制定的涉及律师行为规范的规则几乎各不相同,尽管其法理和基本原则大同小异。针对这一现象,美国律师协会制定了法律职业的统一规范,即《职业行为规则范本》(1983 版)(以下简称《范本》)。《范本》被称为美国"律师职业伦理"的奠基石,是美国最富影响力的两大规制法律执业活动的成文规则之一。另一个广为引用的成文规则,是美国法学会拟定的《法律重述:律师职业伦理(第三版)》(2000 年版)(以下简称《重述》)。应该指出,这两套成文规则尽管被法院在相关判例中广为遵从,并构成美国"律师职业伦理"的重要组成部分,但是其本身

---

① H. Geoffrey Jr. Moulton: Federalism and Choice of Law in the Regulation of Legal Ethics, Minn. L. Rev., 1997, (82): 86.
② H. Geoffrey Jr. Moulton: Federalism and Choice of Law in the Regulation of Legal Ethics, Minn. L. Rev., 1997, (82): 81-88.
③ H. Geoffrey Jr. Moulton: Federalism and Choice of Law in the Regulation of Legal Ethics, Minn. L. Rev., 1997, (82): 88.

并不具有'法'的地位。"①

从上述情况看，美国律师职业伦理规则的特点可以概括为以下几个方面：

1. 民间性。律师职业是一个自由职业，因而它主要由该职业领域的行业协会来进行自我管理，并无官方的法律对其进行规范。这一点与中国的情况有明显的不同，它具有强烈的自治性、民间性规范的色彩。

2. 多元性。虽然美国律师协会（ABA）的律师职业示范规则，具有比较强的影响力，但是，各州仍然保留着自己制定相关规则的权力，同时ABA的各种规则也需要经由州的同意才可能被该州所接受或者修订后接受，从而发挥其效力。因而，美国律师职业伦理规则出现了多元并存的现象，这与中国相比较而言是一个比较明显的特点。

3. 示范性。多元性与统一性是一对矛盾，但在美国律师职业伦理规则中则密切地结合在一起。美国既因联邦制传统的巨大影响而长期坚定地保持了相关规则的多元性局面；同时，随着经济全球化的发展，法律不断趋向统一性，甚至出现全球化、普适化现象，对法律事务的统一性与法律职业自身的统一化与标准化形成了基础性的影响与压力。因而，在维持职业伦理规则的多元性的同时，示范规则日益发挥着巨大的影响。《ABA规则》就是这种影响力的一个明显例子。

4. 学术性。伦理规则具有实际操作的特点，同时其本身的发展也受学术研究的重要影响，具有强烈的学术性。表现有二：其一，它是法学院针对法科学生进行专业训练的重要课程；其二，法学界对法律职业伦理规则的研究与批评，对规则本身的发展具有重要影响。我国学者对这些方面也有讨论和介绍。比如：

"构成美国'律师职业伦理'重要组成部分的权威法律文献还包括，Geoffrey C. Hazard, Jr. 与 W. William Hodes 共同撰写的《律师法》、美国律师基金会拟定的《法律职业责任法典注释版》、美国律师协会和全国事务局共同推出的半月刊《律师职业行为手册》《全美法律职业伦理及职业责任报道》、

---

① 许身健：《欧美律师职业伦理比较研究》，载《国家检察官学院学报》2014年第1期，第46-47页。

Ronald D. Rotunda 撰写的《法律职业责任的法律原则》、Charles W. Wolfram 著《现代法律伦理学》等书刊。"①

在法学院与律师协会专家的共同推动下，法律职业伦理既保持了高度的实操性功能，也因学术讨论之充分有效而能够及时解决一些伦理上的难题，相关的实际案例则为学术界提供了新鲜不断的讨论话题与研究课题，使得伦理规则得以不断巩固其权威地位并保持适应时代需要的活力。

二、《美国律师协会职业行为示范规则》介绍

美国律师协会（ABA）制定有《美国律师协会职业伦理示范规则》（以下简称《ABA规则》），该规则对美国律师的职业伦理进行了比较详细的规定，在美国法律界具有比较大的影响，该法 2004 年版已经翻译为中文出版。② 2004 年之后，该规则还不断有所修订，2016 年还进行了两次修订。不过，该规则的基本内容是比较稳定的，对中国目前的职业伦理现状来说，迫切需要建立起一个初步的职业伦理规则，并能够按照该规则对职业行为进行相应的规范。所以，现在就根据该规范进行一个初步的讨论。

（一）《ABA 规则》的基本结构

《ABA 规则》包括八个部分，分不同的主题对律师的职业行为进行了规定。具体来说，各部分内容如下：

第一部分是委托人与律师关系（Client-Lawyer Relationship），共 18 条内容。

第二部分是法律顾问（Counselor），共 4 条内容。

第三部分是诉辨者（Advocate），共 9 条内容。

第四部分是与委托人以外的人的交往（Transactions with Persons Other Than Clients），共 4 条内容。

第五部分是律师事务所与律师协会（Law Firms and Associations），即律

---

① 许身健：《欧美律师职业伦理比较研究》，载《国家检察官学院学报》2014 年第 1 期，第 46-47 页。

② 《美国律师协会职业行为示范规则（2004）》，王进喜译，北京：中国人民公安大学出版社，2005 年。

师的组织，共 7 条内容。

第六部分是公共服务（Public Service），共 5 条内容。

第七部分是法律服务的信息（Information About Legal Services），共 6 条内容。

第八部分是维护法律职业的适正性（Maintaining the Integrity of the Profession），共 5 条内容。

在美国，lawyer 可以指律师，也指法律人，因而这一示范法的适用范围虽然以律师为主，但对其他法律职业也有非常强的影响力。

在《ABA 规则》之外，ABA 还制定了其他较专门的法律职业伦理规则，比如法官与法官助理等的职业伦理规则。

（二）《ABA 规则》的主要内容

除了美国，《ABA 规则》对世界各国的法律职业界也有影响。在美国，因各州的情况不同，对该规则的接受情况有所差异；各国的情况不同，其具体影响也不一样。

在美国，律师是一种特殊的职业，《ABA 规则》的序言对律师的职业地位作了如下表述："律师，作为法律职业的一员，是委托人的代理人，是法律制度的职员，是对司法质量负有特殊职责的公民。"[1]

序言中还指出了律师承担的多种职能与身份：

"作为委托人的代理人，律师执行多种职能。作为建议者，律师使委托人明确理解其法律上的权利和义务，向其解释这些权利和义务的实践含义。作为诉辩者，律师按照对抗制的规则，热诚地维护委托人的立场。作为谈判者，律师追求有利于委托人的结果，但是也遵循诚实对待他人的要求。作为评估人，律师考察委托人的法律事务，并就此向委托人或者他人报告。"[2]

上述对律师职能的介绍比较详尽，即律师作为委托人的代理人，同时是建议者、诉辩者、谈判者和评估人多种身份的拥有者。律师在以不同的身份

---

[1] 《美国律师协会职业行为示范规则（2004）》，王进喜译，北京：中国人民公安大学出版社，2005年，第 3 页。
[2] 《美国律师协会职业行为示范规则（2004）》，王进喜译，北京：中国人民公安大学出版社，2005年，第 3 页。

履行其职责时，接受不同的职业伦理规则的规范，这些复杂的身份也让律师的职业伦理规则具体化。

需要指出，律师具有公共服务的角色。序言中也指出：

"作为公民，律师应当追求对法律、对法律制度的使用、司法和法律职业服务质量的完善。作为一种博学职业的一员，律师应当不仅仅为服务于委托人而研习法律知识，应当把那些知识运用于法律改革和加强法律教育的工作中去。此外，律师应当促进公众对法治和法律制度的理解和信任……律师应当关注司法中的缺陷，关注穷人（有时并不是穷人）支付不起足够的法律帮助费用这一事实。"①

这里既指出了作为公民的律师的公共责任，也特别强调了作为法律专业人的律师对社会所负有的特殊的责任与使命。这些责任要求律师不仅仅是为某一特定利益方与当事人服务，而要着眼于整体的法治状况与整个社会的利益。不过，在实践中，律师难免受到当事人的影响，更多地考虑自己的利益。有学者明确反对赋予律师这种公共责任，认为应该以保障当事人利益为主要目标。

（三）美国律师职业伦理的几个要求

上述《ABA规则》的内容比较丰富与系统，从中国法律职业发展现状来看，有许多值得借鉴的方面，值得结合中国实践进行专门研究。在此，仅就几个主要原则做初步的介绍。

1. 称职义务

律师是为委托人服务的专家，因而首要的职业要求是称职，即具备专家应当具有的专业能力。《ABA规则》1.1有如下规定：

"律师应当为委托人提供称职的代理。称职的代理要求律师具备代理所合理必需的法律知识、技能、细心和准备工作。"②

---

① 《美国律师协会职业行为示范规则（2004）》，王进喜译，北京：中国人民公安大学出版社，2005年，第3页。
② 《美国律师协会职业行为示范规则（2004）》，王进喜译，北京：中国人民公安大学出版社，2005年，第12页。

所谓称职，是指律师能够以专业的能力与态度来完成所代理的工作。律师不应当以任何理由和借口为自己的无能与态度上的不够敬业辩护。律师协会也会努力避免此种损害律师整体形象与声誉的情况出现。

2. 保密义务

保密是律师职业比较核心的伦理要求，与其他的职业相比显得尤其突出。因此，《ABA 规则》对此的规定也比较复杂和详细。

（a）除非委托人作出了明智同意、为了执行代理对信息的披露已经得到默示授权或者披露为（b）款所允许外，律师不得披露与代理委托人有关的信息。[①]

（b）款则分 6 个具体项目对这些例外情况进行了列举，使保密义务所涉及的各类具体情况都有相应的规则予以规范。

3. 避免利益冲突的义务

利益冲突的情况比较复杂，因而相关规定也显得更加具体。由于律师在法律上即是委托人本人，因而任何可能造成使得律师脱离完全地代表委托人利益的行为都应当避免，从而使得律师与委托人之间不存在任何可能的干扰因素。

从原则上说，这一点似乎比较清楚，然而，职业伦理规则的特点在于，它要将一般的抽象原则具体化为可以操作、可以执行、可以辨识的行为规则。

4. 律师公共服务义务

《ABA 规则》规定："每个律师都有为那些不能支付律师费的人提供法律服务的职业职责。律师应当追求每年提供不少于 50 个小时的公益性法律服务。"

从内容来看，这一规定更多地具有倡议性质，而不具有强制性。但多数律师还是能够做到这一要求。

---

① 《美国律师协会职业行为示范规则（2004）》，王进喜译，北京：中国人民公安大学出版社，2005年，第 20 页。

三、中华全国律师协会及其伦理规则制定能力

中华全国律师协会是中国律师的自治性组织,它在维护律师职业利益与提升律师职业声誉方面具有突出的地位。

(一)中华全国律师协会及其章程

中华全国律师协会成立于 1986 年,凡中华人民共和国律师均为本会会员,地方律师协会为本会团体会员。中华全国律师协会现有团体会员 31 个(即各省、自治区、直辖市律师协会),个人会员近 11 万人。

《中华全国律师协会章程》(1999 年 4 月 28 日第四次全国律师代表大会通过)规定了自身的相关职能与任务。主要包括以下内容:

1. 规定了律师协会的地位。"律师协会是依法设立的社会团体法人,是律师的自律性组织,依法对律师实施行业管理。"

2. 规定了律师协会的宗旨。"律师协会的宗旨是:团结和教育会员维护宪法和法律的尊严,忠实于律师事业,恪守律师职业道德和执业纪律;维护会员的合法权益;提高会员的执业素质;加强行业自律,促进律师事业的健康发展,为依法治国,建设社会主义法治国家,促进社会的文明和进步而奋斗。"

3. 明确了律师协会的业务指导机关。在中国,一切自治性组织都需要有业务指导机关,律师协会的业务指导机关为司法行政部门。第四条对此有具体规定:"律师协会接受司法行政部门的监督、指导。下一级律师协会接受上一级律师协会的指导。"

4. 规定了会员的权利与义务。具体见第六条与第七条的内容。

5. 规定了律师协会的职责。第十条具体进行了详细的列举,内容比较多,具体不再引用。

6. 对律师协会的权力分配结构进行了具体规定。具体来说,律师协会的最高权力机构是律师代表大会。理事会是代表大会的常设机构。律师协会可以设立维护律师执业合法权益委员会、律师纪律委员会以及若干专业委员会。

7. 规定了对律师的奖励与处分。第三十条对处分与惩戒的内容进行了详细规定：

第三十条 会员有下列行为之一的，由律师协会视情节分别给予训戒、通报批评、取消会员资格等处分：

（一）违反《律师法》第四十四条、第四十五条和其他法律法规规定的；

（二）违反本章程和律师行业规范的；

（三）不履行会员义务的；

（四）违反律师职业道德和执业纪律的；

（五）严重违反社会公共道德，影响律师职业形象和荣誉的。

这部分内容涉及到律师违反职业伦理规则如何惩戒的问题，它是律师职业伦理制度的有机组成部分。

（二）中国律协的规则制定能力较弱

与美国律师协会（ABA）在法律职业伦理规则制定方面的权威地位不同，中华全国律师协会（中国律协）目前尚不具有这样的权威。

一方面，中国各政法机关都在制定法律职业伦理规则，其影响要远大于中国律协。中央政法委、最高人民法院、最高人民检察院、司法部都可能制定关于法律职业伦理的相关规则，并制定一些关于律师履职行为的要求。中共中央的有关文件和报告可能也会涉及到律师、法官与检察官的职业伦理规则。律师协会自身可能也会制定一些职业伦理规则，不过，在存在上述规则制定机关的情况下，律师协会所制定的规则的地位相对显得有些弱势。未来中国律协应当加强这方面的工作，承担起提升行业自治能力的使命。

另一方面，中国律协近年来在这些方面有了较大的作为，比如它所制定的《律师执业行为规范》就为律师执业提供了较系统和丰富的伦理规则，具有较强的可行性。可以预期，随着司法改革的不断深入，尤其是中国律师职业地位与社会声望的不断提高，未来中国的律师协会可能会有更大的作为。

第二节　中国律师职业伦理规则

《中华人民共和国律师法》、中国律协制定的《律师执业行为规范》与司法部制定的《律师和律师事务所违法行为处罚办法》是中国律师职业伦理规则的主要规范性文件。本节就以这些内容为主对中国律师的职业伦理规则进行讨论。

一、《中华人民共和国律师法》（2007）的规定

《中华人民共和国律师法》（1996 年 5 月 15 日第八届全国人民代表大会常务委员会第十九次会议通过，根据 2001 年 12 月 29 日第九届全国人民代表大会常务委员会第二十五次会议《关于修改〈中华人民共和国律师法〉的决定》修正，2007 年 10 月 28 日第十届全国人民代表大会常务委员会第三十次会议修订，以下简称《律师法》），是关于律师之职业地位与其权利义务的基本法。

（一）律师的地位

《律师法》第二条对律师的地位规定如下："本法所称律师，是指依法取得律师执业证书，接受委托或者指定，为当事人提供法律服务的执业人员。律师应当维护当事人合法权益，维护法律正确实施，维护社会公平和正义。"

根据此条规定，律师以提供法律服务为自己的业务，是专门的执业人员。律师的职责包括两类：一是为当事人服务，二是维护法律与法治。前一条是具体的职责，后一条则相对比较宽泛。

值得注意的是，我国律师中有一类特殊的律师即公职律师。司法部《关于开展公职律师试点工作的意见》（司发通【2002】80 号）对其职业伦理进行了规定。有学者认为，"公职律师是指具有中华人民共和国律师资格或司法部颁布的法律职业资格，并且供职于政府职能部门或行使公共职能的部门，或经招聘到上述部门专职从事法律事务，经司法行政部门授予公职律师资格，专门为政府或者公共职能部门提供法律服务的律师。"[1] 按照法治标准，政府机关与公共职能部门同样须遵守宪法与法律，为其服务的公职律师与其他律师在职业伦理方面没有特殊性。因此，本书不对其展开单独论述。

---

[1] 许身健：《法律职业伦理》，北京：北京大学出版社，2014 年，第 113 页。

（二）律师的权利

《律师法》对律师的权利有如下规定：

第二十八条　律师可以从事下列业务：

（一）接受自然人、法人或者其他组织的委托，担任法律顾问；

（二）接受民事案件、行政案件当事人的委托，担任代理人，参加诉讼；

（三）接受刑事案件犯罪嫌疑人的委托，为其提供法律咨询、代理申诉、控告，为被逮捕的犯罪嫌疑人申请取保候审，接受犯罪嫌疑人、被告人的委托或者人民法院的指定，担任辩护人，接受自诉案件自诉人、公诉案件被害人或者其近亲属的委托，担任代理人，参加诉讼；

（四）接受委托，代理各类诉讼案件的申诉；

（五）接受委托，参加调解、仲裁活动；

（六）接受委托，提供非诉讼法律服务；

（七）解答有关法律的询问、代写诉讼文书和有关法律事务的其他文书。

上述规定赋予了律师职业以丰富的权利，充分表明律师在中国法律事业中的重要地位。律师可以担任法律顾问、民事与刑事案件的代理人、接受委托代理申诉、参加调解与仲裁、提供非诉讼服务、接受咨询与代写文书等。

律师权利能否充分行使，并不仅仅是律师职业本身的问题，更是律师的委托人即社会中的普通公民的权利能否充分实现的问题。在实践中，律师要充分行使这些权利，还存在不少客观上的困难。

《律师法》对律师执业违规行为的处罚作了规定。

《律师执业行为规则》依据《律师法》而制定，以更符合律师职业伦理规则体系化要求的方式，对同类型的行为进行了详细规定。下文就是以其为主要依据，对中国律师的职业伦理规则进行的讨论。

二、《律师执业行为规范》（2009）的规定

2004年，由中国律协制定的《律师执业行为规范》（2004年3月20日五届全国律协第九次常务理事会审议通过试行，2009年12月27日七届二次理事会修订，下文简称《规范》）基本上涵盖了律师执业行为的各个方面，

从内容上看，已经具有与美国《ABA 规则》相似的地位。

（一）对规范本身效力与作用的规定

该《规范》的"第一章 总则"中，对律师执业的基本原则进行了规定。

第二条明确了自身的地位。它指出："本规范是律师规范执业行为的指引，是评判律师执业行为的行业标准，是律师自我约束的行为准则。"

第三条明确了惩戒措施的地位。它规定："律师执业行为违反本规范中强制性规范的，将依据相关规范性文件给予处分或惩戒。本规范中的任意性规范，律师应当自律遵守。"这一条也表明，该《规范》作为中国律师职业伦理规则的已经不同于抽象的道德要求，它具有明确的规范性效力，能够对违规者进行惩戒。

（二）律师职业伦理的基本原则

"第二章 律师执业基本行为规范"部分，对中国律师职业伦理的基本原则进行了规定，主要包括以下内容：

1. 合法性原则

律师要遵守宪法法律，遵守职业规则。

第五条规定："律师应当忠于宪法、法律，恪守律师职业道德和执业纪律。"

2. 称职原则

这一条的规定包括了守信与勤勉的内容，要求律师在法律服务中称职地维护当事人的利益。

第六条规定："律师应当诚实守信、勤勉尽责，依据事实和法律，维护当事人合法权益，维护法律正确实施，维护社会公平和正义。"

第七条的规定比较宽泛，要求律师的行为要符合律师的身份，接近于称职原则的要求。其内容为："律师应当注重职业修养，自觉维护律师行业声誉。"

3. 保密原则

保密要求或保密原则是律师执业伦理规则中比较重要的一条。英美律师的保密义务主要是针对委托人的，中国则比较强调律师对国家的保密义务，这是将国家利益置于其他主体利益之上的传统观念的一个表现，也是中国法律观念中长期以来的现实。

保密义务是因律师与委托人之间存在的信托关系而起的，因为律师是委托人的代理人，在法律上就等于委托人，这一关系之所以能够成立，完全在于双方之间能够建立起足够的互相信任关系，委托人能够将自己的一切隐私包括犯罪事实都告知律师，这才能使律师在辩护与代理中真正发挥自己的专业能力，更好地维护委托人的利益。

如果委托人不能完全信任律师，则一定会根据自己的理解而选择性地只让律师了解部分事实，从而难以保障其合法权益。以普通人对法律的理解和能力，他们以为向律师隐瞒对自己不利的部分事实是维护自身利益的最好方式，结果可能恰恰相反，反而会损害自身的利益。因而，保密义务或原则，是非常重要的律师职业伦理规则。

《规范》第八条规定："律师应当保守在执业活动中知悉的国家秘密、商业秘密，不得泄露当事人的隐私。律师对在执业活动中知悉的委托人和其他人不愿泄露的情况和信息，应当予以保密。但是，委托人或者其他人准备或者正在实施的危害国家安全、公共安全以及其他严重危害他人人身、财产安全的犯罪事实和信息除外。"

这一条中，既说明了律师的保密义务，同时也对保密义务的例外与界限作了规定。

4. 同行互助原则

第九条规定："律师应当尊重同行，公平竞争，同业互助。"同行是冤家，律师职业的竞争性使得实践中律师之间的关系呈现复杂的局面，这一条对律师处理同行关系提出了指导性意见。

5. 服务公益原则

第十条规定："律师协会倡导律师关注、支持、积极参加社会公益事业。"服务公益是律师职业伦理的内在要求，律师并不仅仅是追求自己的与当事人的利益，律师是法律制度与法治的重要维护者。

6. 履职身份要求

第十一条，身份公开原则。

律师执业要接受相应的规范，第十一条对此作了具体规定。

"第十一条 律师在执业期间不得以非律师身份从事法律服务。

律师只能在一个律师事务所执业。

律师不得在受到停止执业处罚期间继续执业，或者在律师事务所被停业整顿期间、注销后继续以原所名义执业。"

7. 避免利益冲突原则

利益冲突在律师执业中是一个比较常见的现象，最突出的是双方代理与利益代理。律师在担任当事人的代理人时，必须尽全力维护其利益；这就在逻辑上不能允许律师同时担任同一案件中对立双方当事人的代理人。因为律师不可能既维护当事人的利益同时又损害当事人的利益。律师不能利用担任当事人之代理人的机会，为自己谋取利益，即使仅仅是这样的嫌疑也应该避免。这就要求律师也不能代理其与本人或本人亲属利益有冲突的法律事务。第十二条对此规定："律师不得在同一案件中为双方当事人担任代理人，不得代理与本人或者其近亲属有利益冲突的法律事务。"

律师同行之间的执业竞争，应当符合公平竞争的原则，如果个别律师具有某种特殊的权力和身份，可能对同行的执业竞争构成不公平的，则应当避免。第十三条规定："律师担任各级人民代表大会常务委员会组成人员的，任职期间不得从事诉讼代理或者辩护业务。"这一规定的考虑是，律师担任上述公共职务之后，具有了比其他律师更占优势的权力和影响力，处于一种特殊的优越地位，因而应停止相应的执业活动。在中国，各级人民代表大会是国家权力机关，人民法院要向其报告工作，如果作为人大机关成员的律师继续执业，则其在法庭之上，就会对法院构成一种不应有的压力，在逻辑上无法成立。因此，这一情况应当避免。

8. 若干禁止性职业行为

具体条文如下：

"第十四条 律师不得为以下行为：

（一）产生不良社会影响，有损律师行业声誉的行为；

（二）妨碍国家司法、行政机关依法行使职权的行为；

（三）参加法律所禁止的机构、组织或者社会团体；

（四）其他违反法律、法规、律师协会行业规范及职业道德的行为。

（五）其他违反社会公德，严重损害律师职业形象的行为。"

第十四条对律师职业行为中的一些不应当从事的行为作了集中规定。律师行为内容丰富，有些内容无法进行具体规定，但律师职业伦理规则又需要对这些行为提出要求，集中作出如上规定也是必要的。

（三）具体领域或类型的职业伦理规则

第三章到第八章则对律师的执业行为分类别作了更为具体的规定。

1. 律师与委托人的关系

"第四章 律师与委托人或当事人的关系规范"，具体分七节对律师与委托人的关系进行了比较系统的规定。从内容来看，其规定的详尽程度与《ABA规则》相比，已经没有多少差距了。中国法治建设真正的差距在于现实法治环境不容乐观，努力优化现实法治环境，切实保障律师职业伦理规则发挥其重要作用，是未来中国法治建设的一个重要任务。

（1）尽职与忠实原则。

一方面，律师应当具备相应的专业知识与能力，为委托人提供服务。《规范》第三十五条规定："律师应当充分运用专业知识，依照法律和委托协议完成委托事项，维护委托人或者当事人的合法权益。"

另一方面，律师应当依法履职，注意委托人权利的边界。《规范》第四十一条规定：

"律师接受委托后，无正当理由不得拒绝辩护或者代理、或以其他方式终止委托。委托事项违法、委托人利用律师提供的服务从事违法活动或者委托人故意隐瞒与案件有关的重要事实的，律师有权告知委托人并要求其整改，有权拒绝辩护或者代理、或以其他方式终止委托，并有权就已经履行事务取得律师费。"

这部分内容比较复杂。因为中国律师伦理规则与英、美等国家的律师伦理规则相比，更倾向于要求律师维护社会正义，而并不支持律师为了维护委托人利益而做出一切可能的行为。近年来，法律界对英、美等国的律师职业伦理规则逐渐有了更多了解与理解，观念也在转变之中，但大体的倾向仍然是，律师作为委托人的代理人，应当依法维护其合法权益。这意味着，律师不具有如英、美等国律师那样大的行为范围，需要更为谨慎地从事其执业活动。

（2）信息沟通要求。

作为委托人的代理人，律师要及时、有效地就法律问题与其进行沟通，保障其能够理解具体的法律情境并能够及时作出决定。律师虽然在维护委托人利益方面，是法律技术方面的专家，但是并不能完全取代其应有的权利。因此，执业律师一方面要让委托人及时了解其委托事务的法律性质，另一方面也要客观地让委托人了解案件的困难，帮助其作出适当的选择。如第四十二条规定："律师在承办受托业务时，对已经出现的和可能出现的不可克服的困难、风险，应当及时通知委托人，并向律师事务所报告。"第四十三条规定："律师根据委托人提供的事实和证据，依据法律规定进行分析，向委托人提出分析性意见。"这两条都对律师与委托人的关系进行了具体的规定。

（3）避免利益冲突规则。

委托人是为自己的利益而寻求律师帮助的人，律师则是为了委托人的利益而从事法律专业服务的专家，二者之间在法律专业知识上的差距比较悬殊。法律事务的专业性使得律师可能居于优势地位，而律师为委托人服务的便利条件使其更方便地掌握了委托人的信息，这就使得避免律师与委托人的利益冲突成为律师职业伦理中比较重要的规则。

利益冲突规则比较具体，一，律师不得利用机会从当事人处为自己谋利，也不得与当事人进行交易活动，即使这些交易当事人可能获利，律师仍无法摆脱为己谋利的嫌疑，因此伦理规则对此明确禁止。第四十五条规定："律师和律师事务所不得利用提供法律服务的便利，牟取当事人争议的权益。"第四十六条规定："律师和律师事务所不得违法与委托人就争议的权益产生经济上的联系，不得与委托人约定将争议标的物出售给自己；不得委托他人为自己或为自己的近亲属收购、租赁委托人与他人发生争议的标的物。"第四十九条规定："办理委托事务的律师与委托人之间存在利害关系或利益冲突的，不得承办该业务并应当主动提出回避。"

关于利益冲突的原则比较容易理解，不过具体的行为则不易辨别，实践中这些复杂的情形都已经由各国的律师职业伦理规则与相关案例得出了系统性结论，一些疑难问题的相关伦理规则也已经发展得比较成熟。第五十条对这些情形作出了更详细的规定。

第五十条 有下列情形之一的，律师及律师事务所不得与当事人建立或维持委托关系：

（一）律师在同一案件中为双方当事人担任代理人，或代理与本人或者其近亲属有利益冲突的法律事务的；

（二）律师办理诉讼或者非诉讼业务，其近亲属是对方当事人的法定代表人或者代理人的；

（三）曾经亲自处理或者审理过某一事项或者案件的行政机关工作人员、审判人员、检察人员、仲裁员，成为律师后又办理该事项或者案件的；

（四）同一律师事务所的不同律师同时担任同一刑事案件的被害人的代理人和犯罪嫌疑人、被告人的辩护人，但在该县区域内只有一家律师事务所且事先征得当事人同意的除外；

（五）在民事诉讼、行政诉讼、仲裁案件中，同一律师事务所的不同律师同时担任争议双方当事人的代理人，或者本所或其工作人员为一方当事人，本所其他律师担任对方当事人的代理人的；

（六）在非诉讼业务中，除各方当事人共同委托外，同一律师事务所的律师同时担任彼此有利害关系的各方当事人的代理人的；

（七）在委托关系终止后，同一律师事务所或同一律师在同一案件后续审理或者处理中又接受对方当事人委托的；

（八）其他与本条第（一）至第（七）项情形相似，且依据律师执业经验和行业常识能够判断为应当主动回避且不得办理的利益冲突情形。

（4）回避要求。

回避原则或要求，与避免利益冲突原则有密切关系，由于它比较具体，因而可以独立进行讨论。凡是存在或可能存在利益冲突与利益冲突嫌疑的情况，律师都应当提出回避要求，不应当继续从事律师活动。这就是《规范》第五十一条的规定。

第五十一条 有下列情形之一的，律师应当告知委托人并主动提出回避，但委托人同意其代理或者继续承办的除外：

（一）接受民事诉讼、仲裁案件一方当事人的委托，而同所的其他律师是该案件中对方当事人的近亲属的；

（二）担任刑事案件犯罪嫌疑人、被告人的辩护人，而同所的其他律师是该案件被害人的近亲属的；

（三）同一律师事务所接受正在代理的诉讼案件或者非诉讼业务当事人的对方当事人所委托的其他法律业务的；

（四）律师事务所与委托人存在法律服务关系，在某一诉讼或仲裁案件中该委托人未要求该律师事务所律师担任其代理人，而该律师事务所律师担任该委托人对方当事人的代理人的；

（五）在委托关系终止后一年内，律师又就同一法律事务接受与原委托人有利害关系的对方当事人的委托的；

（六）其他与本条第（一）至第（五）项情况相似，且依据律师执业经验和行业常识能够判断的其他情形。

律师和律师事务所发现存在上述情形的，应当告知委托人利益冲突的事实和可能产生的后果，由委托人决定是否建立或维持委托关系。委托人决定建立或维持委托关系的，应当签署知情同意书，表明当事人已经知悉存在利益冲突的基本事实和可能产生的法律后果，以及当事人明确同意与律师事务所及律师建立或维持委托关系。

回避要求也有一些特殊情况。有些地区律师数量本来就少，或者人际关系本身就难以完全避免某些嫌疑，如果过度僵化地执行相关规定，反而可能会使有些当事人不能获得所需要的律师服务，这对当事人是非常不公平的。在此情况下，可以要求当事人签署知情同意书，律师在此前提下就可以继续执业。这是回避原则的例外情况。

（5）委托人财产保管要求。

律师在法律服务过程中，往往有机会掌握委托人的财产，如何在此过程中坚守严格的职业伦理规则，《规范》也对此作了专门的规定。一，履行相应的法律手续，保障委托人的财产利益。第五十三条规定："律师事务所可以与委托人签订书面保管协议，妥善保管委托人财产，严格履行保管协议。"

二，确立财产的分立制度，即律师自己的财产与委托人的财产应当分别由不同的账户记载，不允许律师将个人的或事务所的财产与委托人的财产混同，从而避免导致不必要的麻烦。第五十四条规定："律师事务所受委托保管委托人财产时，应当将委托人财产与律师事务所的财产、律师个人财产严格分离。"

2. 律师法庭礼仪与言行

"第五章 律师参与诉讼或仲裁规范"主要对律师在参与诉讼与庭审过程中行为进行了规定。这要包括两方面的内容：

（1）律师法庭礼仪与职业形象。

律师作为专业的法律人，同时是法律制度中的重要工作者与受益者，《ABA规则》甚至视律师为司法制度的"职员"，因此，律师在司法制度中的言行不仅代表其本人及其当事人，而且对于整个司法制度具有重要影响。

律师恰当地按照法庭的规则履行职责，对于保障司法活动的有序性具有积极影响与贡献。第六十五条规定："律师应当遵守法庭、仲裁庭纪律，遵守出庭时间、举证时限、提交法律文书期限及其他程序性规定。"律师与法官之间的关系也应当是一种良好的互动与配合的关系，在法庭上律师应当尊重法庭。第六十六条规定："在开庭审理过程中，律师应当尊重法庭、仲裁庭。"

在一些具体的细节上，不同国家有着各自的传统。司法礼仪也是国家与社会的重要象征之一，对于维护社会与传统的稳定性具有重要作用。中国的司法礼仪则正在建设之中，体现了更多的理性因素，律师应当自觉地遵守相应的职业伦理规则，保持一种庄重、严肃、专业的职业形象。第七十条规定："律师担任辩护人、代理人参加法庭、仲裁庭审理，应当按照规定穿着律师出庭服装，佩戴律师出庭徽章，注重律师职业形象。"第七十一条规定："律师在法庭或仲裁庭发言时应当举止庄重、大方，用词文明、得体。"

上述规定对律师的职业形象提供了明确的指示，律师也应当充分理解自己的社会角色与公众形象，尽可能符合这一社会预期，巩固和提升公众对律师优良形象的认知和预期。

（2）律师与法官的交往规范。

律师与法官之间的正常交往关系难以完全避免，为此需要为其提供相应的指引性规则。律师与法官之间的关系如果不正常，就会损害法律职业者的整体声誉，进而损害国家司法制度的权威性。在转型时期，律师与法官的关系也在不断的变动之中。

律师与法官之间关系的基本原则是，双方应当保持各自的职业角色，不做有违伦理规则或使人对其关系产生怀疑的事，时刻保持双方关系的适当、正当、合理。

第六十七条规定："律师在执业过程中，因对事实真假、证据真伪及法律适用是否正确而与诉讼相对方意见不一致的，或者为了向案件承办人提交新证据的，与案件承办人接触和交换意见应当在司法机关内指定场所。"这一要求比较明确，要求法官与律师关于案件的接触应当在法院内部正式场合，不在法院之外的其他场合出现，避免给人以进行不正常交易的怀疑。第六十八条明确规定："律师在办案过程中，不得与所承办案件有关的司法、仲裁人员私下接触。"这一条专门对法院之外的私下接触提出了禁止性要求。

律师私下接触法官往往是为了获得有利于己的待遇，因而，有的律师通常会想方设法对法庭人员施加各种影响，有时是律师诱导当事人对法庭进行不正当的影响。第六十九条的规定对此提出了禁止性要求："律师不得贿赂司法机关和仲裁机构人员，不得以许诺回报或者提供其他利益（包括物质利益和非物质形态的利益）等方式，与承办案件的司法、仲裁人员进行交易。律师不得介绍贿赂或者指使、诱导当事人行贿。"

《规范》还对其他方面的内容进行了规定，比如，"第六章 律师与其他律师的关系规范"主要强调两方面的要求：一是要以尊重与合作的态度来处理与其他律师的关系，二是禁止执业中的不正当竞争行为。第七章与第八章分别对律师与所任职的律师事务所关系、律师与律师协会关系的行为规范进行了规定。这些规定形成了系统的律师职业伦理规则体系，对律师恰当履职具有积极的指引作用。

三、《律师和律师事务所违法行为处罚办法》（2010）的规定

律师职业伦理面临着一些复杂问题，除中国律协制定的规则之外，司法部对这些问题也进行了相应的规范，具体表现为 2010 年制定的《律师和律师事务所违法行为处罚办法》（2010 年 4 月 8 日）。该法主要以《律师法》的内容为依据，对律师与律师事务所的可能违法行为进行了较详细的规定，是律师职业伦理规则的重要规范性文件。它对《律师法》中涉及的许多具体的律师行为有更详细的规定，使《律师法》更具可操作性。相关内容比较具体，在此不多介绍。

第三节　律师职业伦理规则的若干义务

律师作为法律职业的中坚力量，其职业伦理规则非常丰富，由于其复杂性需要在具体的现实情境中展开，对其进行讨论不能离开具体的案件与事例。这也是法律职业伦理这门专业课程对教师和研究者的特殊要求，缺乏实务经验的教师与研究者在讲授或从事研究时，往往因自身缺乏相应的实务经验而难以真正理解相关的内容，也难以让学生产生兴趣。美国法学院的不少与实务相关的课程都尽可能由具有相关经验的教师承担，这些年来诊所式教育发展，在相当程度上满足了这方面的需要。本节对律师职业所具有的若干义务进行一个讨论。

一、律师的忠实义务

忠实履职的义务，是律师与委托人之间关系的一个自然要求。律师是委托人的代理人，"受人之托，忠人之事"，是中国民间公认的传统理念。委托人出于对律师的信任选择律师代理自己的事务，而律师在接受委托之后，其身份就成了委托人的代理人，形成了一种特殊的委托代理关系。英国上诉法院 2005 年重申了表达"律师—客户特权"的法律意见原则："（'法律意见原则'）的约束、控制范围建立在这样一种法治观念的基础上，即由于客户在个人事务管理过程中希望律师提供法律效能的帮助，客户和律师的交流应当

免受来自任何外来势力的检查，无论是警察、执法人员、商业竞争者、爱管闲事者还是其他任何人。"① 律师与客户（委托人）之间的关系的特殊性，要求法律承认其地位并赋予其相应的权利。

首先，忠实义务要求，律师只应考虑委托人的利益。

这一关系的特殊性在于，法律事务往往涉及当事人的重大利益与特殊隐私，与委托人的利益密切相关，因而它不同于一般的代理关系，具有特殊的信托性质。

如果委托人不能信任律师，则律师就难以真正全面地获知委托人的各种具体情况；律师如果不能保持职业上的忠实，则委托人就无法建立起对律师的信任。因而，律师的职业首要的伦理规则是忠实原则。这一义务如布鲁厄姆的表述："……一名律师在履行其职责的过程中只知道这个世界上的一个人……其委托人……这就是他首要的也是唯一的责任……"② 更明确的表述是：对律师来说，委托人的利益高于一切，"委托人的利益不仅高于律师自身的利益，而且高于'法律的'长远利益。"③ 这一表述在中国语境中可能觉得有些过分。在这样的观念之下，律师与委托人之间不允许其他利益介入，其他任何考虑都不能成为要求律师放弃忠实义务的理由。

在对抗制下，"辩护律师有权提出委托人的主张，'即使这种主张看起来牵强附会而无法获得支持'。"④ 也就是说，只要是委托人可以行使的权利，律师都应该努力行使而不浪费该项权利。至于其他的可能后果，即使可能对社会与他人有负面影响，律师也是不应当考虑的，因为那是其他人该考虑的事务，而律师唯一应该考虑的只有委托人的利益。

当然，这一观念是比较极端的，但在逻辑上是说得通的。在民事案件中，双方当事人的利益均由其律师所代表，因而各方律师都只须考虑自己委

---

① ［美］詹姆士·E.莫里特诺、乔治·C.哈瑞斯：《国际法律伦理问题》，刘晓兵译，北京：北京大学出版社，2013年，第106页。
② ［美］门罗·弗里德曼：《对抗制下的法律职业伦理》，吴洪淇译，北京：中国人民大学出版社，2017年，第12页。
③ ［美］门罗·弗里德曼：《对抗制下的法律职业伦理》，吴洪淇译，北京：中国人民大学出版社，2017年，第15页。
④ ［美］门罗·弗里德曼：《对抗制下的法律职业伦理》，吴洪淇译，北京：中国人民大学出版社，2017年，第16页。

托人的利益。结果则是,各方当事人的利益都被在法律上充分地考虑到了。在刑事案件中,代表国家与社会公益的检察官本身在法院面前也与律师一样是一方"律师",因而,双方关系具有某种平等性;加之,在刑事诉讼案件中优先考虑的价值是保障普通公民的权利,检察官也必须更多地考虑这些因素,而不能过度放纵自己的法律能力与法律权力。因而,律师与委托人之间的关系就是律师应当完全彻底地忠实于委托人的利益。

其次,在极端情况下律师仍要坚持对委托人的忠实义务。

值得讨论的是,在极端情况下,如果律师知道其委托人向其咨询有关信息是出于犯罪的目的时该怎么办?答案是:律师仍然应该提供相应的法律帮助。至于委托人用这些知识来做什么事情,则不是律师所应该考虑的。因为,"委托人有权拥有与法律有关的信息并且就是否依此行事作出自己的决定。"① 如一位资深律师所言,在此情况下,"我不过是一本法律书而已。"② 委托人只不过是通过律师了解一些法律信息,而那些信息在其他地方也是能获得的,因而律师不应当拒绝提供此类信息,即使明知委托人获取这些信息是为了不正当的目的。这样的规则对中国律师与法律界来说,还是比较不容易接受的。

第三,忠实义务具有复杂性,包括多重的忠诚及丰富内涵。

有的学者指出律师的忠实义务包括三重含义:"法律以及法律职业在美国社会所处的支配地位,使律师的角色与公共利益紧密相连。'律师必须忠于客户,忠于其出庭的法院或行政机构,忠于整个社会,这种三重忠诚为每一个人都带来了重要的内在利益问题。'"③ 首先是对客户的忠实,其次是对司法制度的忠诚,最后是对整个社会的忠诚。但其核心应当是对委托人即客户的忠实义务。

有的论述对忠实义务与称职与保密义务的关系进行了论述:"律师与委

---

① [美]门罗·弗里德曼:《对抗制下的法律职业伦理》,吴洪淇译,北京:中国人民大学出版社2017年,第90页。
② [美]门罗·弗里德曼:《对抗制下的法律职业伦理》,吴洪淇译,北京:中国人民大学出版社,2017年,第73页。
③ [美]詹姆士·E. 莫里特诺、乔治·C. 哈瑞斯:《国际法律伦理问题》,刘晓兵译,北京:北京大学出版社,2013年,第6-7页。

托人之间是委托代理的关系。代理关系中的几个基本职责包括：忠诚、称职、保密。作为代理人，律师在知识和影响力上的地位使得其有机会利用、胁迫委托人或擅自替委托人做主。对于委托人所决定的利益保持忠诚，这就需要律师具备一定的自我抑制能力，而这也是律师角色中非常核心的一点。"① 不过，保密义务在律师业务中具有特殊地位，需要单独进行讨论。

二、律师的保密义务

保密义务与忠实义务有着密切联系，律师只有尽到保密义务，才能维护委托人的利益，尤其是不至于损害委托人的利益。

保密义务的具体履行，涉及到一些复杂的问题。在现实中，经过一些实际的判例，这些界限都得到了明确。比如，律师是否可以向有关机关告发委托人曾经的犯罪行为？律师是否可以对委托人正在谋划的犯罪行为向有关机关告发？

（一）保密义务的案例与规范

快乐湖案件是一个比较典型的关于律师保密义务的真实案例。

"在纽约快乐湖谋杀案中，被告将他还杀了另外两人以及尸体掩埋地点告诉了其律师。律师前往该地点察看了尸体并拍了照片。但是，直到数月后被告供述这些罪行之前，律师一直未向当局告知有关尸体的信息。除了向警方和控方隐瞒这些信息外，其中一名律师还拒绝将信息透露给一位受害人家长，他在寻找失踪女儿的过程中找过该律师。"②

对上述案件，中国律师会有截然不同的看法，他们遵守的是与上述做法完全不同的职业伦理规则。因此，上述案件所引出的律师保密义务，在讨论中国律师的保密义务时会带来更多的启发。

各国的法律与律师职业伦理规则对律师的保密义务有相应规定。"对客户的秘密信息和交流特权进行保护，即使不是除美国之外的所有国家的，也

---

① [美] 德博拉·L. 罗德、小杰弗瑞·C. 海泽德：《律师职业伦理与行业管理》（第二版），许身健等译，北京：知识产权出版社，2015年，第65-66页。
② [美] 门罗·弗里德曼：《对抗制下的法律职业伦理》，吴洪淇译，北京：中国人民大学出版社，2017年，第2页。本段引文有修改。

是其他绝大多数国家的律师职业责任的核心。的确，在许多国家，不当披露客户保密信息构成刑事犯罪。当然，在有些国家，包括大多数民法法系国家，保密义务被认为是一个律师对司法部门负有的公共义务的一部分，也是律师个人的权利和义务，而不仅仅是律师对客户的义务。"①

欧盟律师协会对律师的保密义务表述如下，它强调了保密义务在律师职业中的基础性地位。

"律师可以得知客户不愿意告诉他人的事情，这是律师功能的本质。并且，在保密的基础上，律师还可以接受其他一些信息。没有保密的确定性，就没有信任。因此，保密是律师首要的和基本的权利和义务。"②

欧洲律师协会的保密义务之规定要求，律师不但要为当前的客户保密，即使已经结束了委托关系的客户，律师也仍然具有保密义务，且这一义务并无时间限制。其具体规定如下：

"2.3.2 律师应当尊重其从执业活动中获知的全部保密信息。

2.3.3 律师的保密义务没有时间限制。

2.3.4 律师应当要求其同事和职员以及其在提供法律服务过程中雇请的其他人员遵守同样的保密义务。"③

（二）保密义务的内涵

保密义务是律师与委托人之间建立足够信任关系的保障。

首先，这种义务使得律师承担起对委托人的"神圣的信任的保密义务"。

只有在律师能够完全保守委托人的秘密，才能保证委托人能够充分信任律师，将关于自己的一切信息都告知律师，从而能够更好地使律师为其利益而开展代理工作。只有在此义务的基础上，律师才能完全获得委托人的信任，从而真正形成律师作为委托人代理人的实质性关系。否则，如果委托人

---

① ［美］詹姆士·E. 莫里特诺、乔治·C. 哈瑞斯：《国际法律伦理问题》，刘晓兵译，北京：北京大学出版社，2013年，第104页。

② ［美］詹姆士·E. 莫里特诺、乔治·C. 哈瑞斯：《国际法律伦理问题》，刘晓兵译，北京：北京大学出版社，2013年，第104页。

③ ［美］詹姆士·E. 莫里特诺、乔治·C. 哈瑞斯：《国际法律伦理问题》，刘晓兵译，北京：北京大学出版社，2013年，第114页。

不能完全信任代理人，律师将无法完全获得相关信息，不能真正有效地为委托人的利益服务。

有的委托人可能具备一定的法律常识，甚至还可能觉得自己具有指导律师从事法律服务的能力，但就现在的法律技术的专业性程度而言，除了律师之外，普通人仅靠自学获得法律能力已经非常艰难，外行人自以为是在维护自身利益的行为可能恰恰是在损害自身的利益。因此，保障委托人与律师之间的信任关系，是现代法律职业伦理基础性的要求。

其次，律师不但有保密的义务，同时还不得泄露委托人的秘密。

律师不能保守秘密不符合律师职业的底线要求，并且职业伦理规则还要求对违背保密义务的律师按照职业伦理规则予以惩罚。

这一要求中最困难的是，如果律师明知委托人的犯罪事实，是否有义务告发？英、美、法等国的律师职业伦理明确否定律师有此义务。律师对委托人有保密义务，禁止其告发委托人的犯罪事实。

再次，保密义务也有其边界与例外。

是否律师知道的一切关于委托人的秘密都不可透露？在讨论中，公认的一个边界是，在极端情况下，如果对拯救生命有必要的情况下，应该透露相关信息。① 比如，明确的将要实施的谋杀犯罪意图，律师在透露这些信息时就不被视为违反保密义务。

人们之所以这样理解保密义务，原因在于，对于诉讼制度与司法制度来说，追求个别案件正义实现之价值要远逊于追求一个有利于保障正义实现的制度之价值。诉讼的对抗制正是提供制度性实现正义的法律制度。因而，即使律师知道委托人的一切违法事实，但他首要的使命仍然是维护对抗制，该一制度才是公平正义的真正保障。②

值得强调的是，许多国家的法律因为考虑到律师与委托人之间基于信托的特殊代理关系，在赋予律师以保密义务的同时，还将保密作为律师维护委托人权利的一种特权。律师不仅具有保密的义务，而且为了能够尽到其保密

---

① ［美］门罗·弗里德曼：《对抗制下的法律职业伦理》，吴洪淇译，北京：中国人民大学出版社，2017年，第9页。
② ［美］门罗·弗里德曼：《对抗制下的法律职业伦理》，吴洪淇译，北京：中国人民大学出版社，2017年，第65页。

的义务，法律还赋予了其对抗有关方面的特权。

三、律师避免利益冲突的义务

作为代理人，律师的天职是为委托人的利益服务，因而律师不能与委托人的利益相冲突。从逻辑上来说，律师作为委托人的代理人，已经没有了自己独立的地位，必须事事处处为委托人的利益着想，才符合其职业伦理；从现实的情况来看，与普通人相比，律师具有相当强的法律专业能力，如果律师利用职业便利侵害委托人的权利，委托人将处于非常不利的弱势地位，只能任人宰割。这就要求律师必须尽可能地避免利益冲突。

具体的利益冲突事项，不同的情况下有不同的表现。从原则上来说，不管是否具有现实的可能，只要有这样嫌疑，律师就应当尽可能避免，包括必要时辞职不再担任委托人的代理人。学者对这种利益冲突情况作了具体的分类：

"利益冲突出现在非常广泛的情况之下，但是一般来说呈现出以下几种形式：

多方代理：在同一事务中代理不止一个委托人，而他们的利益是有差别的。

连续性代理：在相关的事务中代理现行委托人对抗前委托人。

'个人'冲突：委托人的利益和律师的利益在个人财务、职业或者其他方面（包括那些近亲属的利益）相冲突。

立场性冲突：代理一个委托人的立场可能在实际上不相关的事务中会不利地影响其他委托人。

替代性冲突：律师在一个事务中代理一个委托人，同一组织的另一名成员先前就该事务存在非个人性的冲突。"[1]

上述情况涉及各种不同的利益冲突情况。一，在同一事务中的不同当事人利益往往有冲突，律师不得同时代理同一事务中的多方主体。同一案件中原告与被告双方利益冲突，律师不能同时作为双方的代理人；二，律师的新

---

[1] ［美］德博拉·L.罗德、小杰弗瑞·C.海泽德：《律师职业伦理与行业管理》（第二版），许身健等译，北京：知识产权出版社，2015年，第159-160页。

旧委托人之间可能有利益冲突,则律师也应当避免这种冲突。虽然在时间上律师可以分别代理有冲突的双方委托人,但是如果双方之间有利益冲突,律师还是不能陷入此种冲突关系之中;三,委托人与律师本人有利益关系的,可能有利益冲突。这方面的利益冲突比较明显;四,如果代理一个委托人可能对其他委托人利益有不利影响的,这是指虽非明显但有潜在的利益冲突的情况;五,律师的同事与委托人有利益冲突的情况,也应避免。因为这会使人质疑律师是否能够真正为代理人的利益服务。

四、律师参与公共服务的义务

律师主要是通过为委托人(客户)服务来推进法治与司法公正,不过各国对于律师参与公共服务也提出了要求,一般来说不是一种强行性要求。

一方面,律师的职业伦理规则会提出倡议性的要求。美国律师协会就将律师提供公共服务作为一种义务作了规定,《ABA 规则》的序言中指出:"作为公民,律师应当促进对法律、对法律制度的适用、司法和法律职业服务质量的完善。"① 《ABA 规则》还要求:"每个律师都有职业责任为无力支付律师费的人们提供法律服务。一个律师至少要每年努力为公众从事 50 小时的公益法律服务。"② 在法治国家中,律师具有比较特殊的地位与能力,其对国家司法体系及民主体制,有着比其他人更多的义务。律师自己的职业前景建立在这些制度基础上,因而律师有义务为促进法治、司法公正而尽职业上的义务;同时,法律职业本身有着促进公平、正义、民主、法治的功能,法律从业者承担一些必要的公共义务,也是题中应有之义。

因为律师要在市场上竞争,谋取自己的生计和利益,要求律师牺牲个人时间和精力服务公众,在有些情况下显得要求过多。考虑到律师在社会中的收入状况相对属于较高的阶层,律师职业也有着某种法律服务的垄断性,因而,这一要求一般由律师协会主动提出,这对于增进律师职业的公众形象也大有裨益。

---

① [美] 德博拉·L. 罗德、小杰弗瑞·C. 海泽德:《律师职业伦理与行业管理》(第二版),许身健等译,北京:知识产权出版社,2015 年,第 70 页。
② [美] 詹姆士·E. 莫里特诺、乔治·C. 哈瑞斯:《国际法律伦理问题》,刘晓兵译,北京:北京大学出版社,2013 年,第 88 页。

另一方面，律师需要承担的公共服务义务，尤其是针对法律上的弱势或贫困人士提供相应的帮助，国际会议通过的有关文件也有规定："1990年第八届联合国预防犯罪和罪犯待遇大会通过的《关于律师作用的基本原则》，既规定了政府为法律援助提供资金的义务，又规定了律师参与向贫困者提供法律援助的伦理义务。这些原则主张：'政府应当确保为贫困者提供法律援助所需的充裕资金和其他资源。并且，如果必要的话，法律援助还应当面向其他弱势群体。律师职业协会应当在服务、设施和其他资源的组织、提供方面给予合作。'"① 有的国家的律师职业规则对此也有规定，如："印度律师协会《辩护律师职业行为规则》规定：'每个律师都应当在执业过程中记住，任何真正需要律师的人都有权获得法律帮助，哪怕其不能完全或充分支付该项法律帮助的费用。并且，在经济条件的允许限度内为贫困者或受压迫者提供无偿法律帮助，是一个律师向社会承担的最大义务。'"② 中国法律也要求律师承担一定的法律援助义务，《律师法》第四十二条规定："律师、律师事务所应当按照国家规定履行法律援助义务，为受援人提供符合标准的法律服务，维护受援人的合法权益。"

上述几个方面的律师义务，尤其是律师对于委托人的各类义务，对于建构中国律师的职业伦理规则具有多方面的启示意义。

本章思考题：

1. 介绍《ABA规则》的主要结构与内容。
2. 列举中国律师职业伦理规则的主要规范性文件。
3. 介绍中国律师职业伦理规则的基本内容。
4. 介绍中国律师职业伦理存在的突出问题。

---

① [美] 詹姆士·E. 莫里特诺、乔治·C. 哈瑞斯：《国际法律伦理问题》，刘晓兵译，北京：北京大学出版社，2013年，第86页。

② [美] 詹姆士·E. 莫里特诺、乔治·C. 哈瑞斯：《国际法律伦理问题》，刘晓兵译，北京：北京大学出版社，2013年，第89页。

第六章

其他法律职业者的伦理规则

除前面三章所述的法官、检察官与律师之外，还存在其他一些法律职业群体，如法学家群体、广义的政府机关内部的法律专业工作人员、公证机构的公证员与仲裁机构的仲裁员，服务于私人主体的其他法律职业群体如公司法务人员等。国外的情况比较多样，从提供制度建设借鉴的角度，在此只讨论法治发达国家的情况，并依据相关文献进行介绍。

第一节 国外其他法律职业群体

由于社会发展的丰富性，其他的社会领域同样需要具备专业能力的法律人。除了法官、检察官与律师之外，国外还存在其他的一些法律职业群体。他们与律师与法官一样共同接受了专业的法律教育、通过了专门的法律职业准入资格考试，因此，他们具有相似的教育背景与职业素养。

一、律师助理

国外比较特殊的是律师助理职业，这是一个独立的职业。律师助理是一个从事法律职业的积极机会。律师助理不但独立于律师而且有自己的自治性组织，形成了独立的职业伦理。

律师助理职业的兴起，在相当程度上是出于经济上的原因。因为合格律师的费用比较贵，而具备法律专业知识但暂时没有律师资格的律师助理，不但能够完成一些与律师工作相近的工作，而且其费用要低得多。同时，业务比较多的律师事务所，也倾向于雇佣一些律师助理来帮助律师工作，提高律师的工作效率，使其能够在有限的时间内完成更多的专业性工作。关于律师助理有两个问题值得讨论：其一，律师助理是否是律师？其二，他们是否受律师职业伦理规则的规范？对此，《ABA规则》明确回答：

其一，律师助理不是律师。律师助理的身份是律师个人雇佣的职员，只对律师负责。他们自己不能独立承担责任，其责任由其雇主律师来负责。① 因此，"约束律师的 ABA 示范法典与示范规则，都不能约束法律助理，并无管理他们的'规则'。"② 因此，律师助理不是独立的法律人，只是律师的附属工作人员，无独立承担责任的能力。

其二，律师助理同样要受法律职业伦理规则的约束。因为他们从事的专业工作，使其能够有机会接触到客户的隐私与秘密，因此，ABA 的要求是，应当按照法律职业伦理规则的要求来约束法律助理的行为，同时也要求提高其业务能力。③ 这一要求既是为了维护律师职业的信誉，同时也是为了维护律师自身的利益。一个外行的律师助理显然难以胜任，一个符合职业标准的律师助理显然更受欢迎。

由于律师助理已经成为一个相对比较普遍的职业，因而，在美国也成立了相应的机构，ABA 内部成立了法律助理常设委员会（SCOLA），还有美国法律助理教育协会（AAFPE），组织对律师助理的在职进修与继续教育，不断提升其专业素质。该机构列出了一些核心课程如：法律研究、法律写作、诉讼、法律职业伦理、法律中的计算机应用、实习等。④ 为了加强对律师助理的管理，还专门成立了相关组织"法律助理管理协会"（LAMA）。⑤ 目前美国有两家全国性的法律助理组织，分别是全国法律助理联盟协会（NFPA）与全国法律助理协会（NALA），它们各自组织地方性机构，吸引会员参加，

---

① Kent D. Kauffman：Legal Ethics，Canada：Delmar Learning，2004：31.
② Kent D. Kauffman：Legal Ethics，Canada：Delmar Learning，2004：31.
③ Kent D. Kauffman：Legal Ethics，Canada：Delmar Learning，2004：35.
④ Kent D. Kauffman：Legal Ethics，Canada：Delmar Learning，2004：25.
⑤ Kent D. Kauffman：Legal Ethics，Canada：Delmar Learning，2004：26.

发挥其影响力。

总体来说，律师助理是律师的助理，不具有独立的承担责任的能力，其工作由律师监督，其责任由律师来承担。从工作性质来看，行政秘书与律师助理在表面上非常相似，不过二者的区别，不在于其受教育程度，而在于对服务于委托人的法律业务的参与度。① 由于律师事务所工作的专业性，对律师助理业务能力的要求越来越高，因此，成为一个律师助理也开始需要相应的资格证书。因此，ABA 也开始接收律师助理加入协会，将其列在特殊的会员类别之下。②

由于美国的法律职业以律师为核心，法官也有法官助理，著名法学家德沃金就担任过著名的勒纳德·汉德法官的助理，不过法律职业伦理研究中对此较少关注。另外与律师助理的角色既相似又值得说明的是法学教育中的诊所式教育。它类似于中国法学教育中的实习制度或教师指导的法律援助制度，在其中，大量的真实案例进入教学，学生在律师与教师的指导下接触真实案例，提出法律意见，但学生不具有律师身份，因而相关的法律责任由提供指导的律师与教师来承担。③

二、大型律师事务所的内部管理专家（in-house specialists）

当代经济全球化对各个领域和各个职业都形成了巨大的挑战，其中，英、美国家因其传统的经济强势影响和国家地位，尤其是与教育水平相关的语言优势，形成了特殊的职业优势。例如，英、美等国的会计师事务所已经在相当程度上垄断了世界范围的优质业务，四大会计师事务所的扩张使得其他事务所的生存空间日益狭窄。

英、美等国律师界同样形成了巨大的职业优势，对其他国家、其他语言的法律从业者构成了巨大的挑战。这种现状也使法律界有识之士深感担忧，

---

① Kent D. Kauffman, Legal Ethics, Canada: Delmar Learning, 2004: 24.
② Kent D. Kauffman: Legal Ethics, Canada: Delmar Learning, 2004: 55.
③ Peter A. Joy: The Ethics of Law School Clinic Students as Student-Lawyers, S. Tex. L. Rev., 2004, (45): 841.

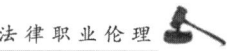

他们采取了积极的应对措施。① 与此种趋势相关的现象是，由于律师事务所规模日益扩张，大型律师事务所开始成为优质法律业务的主要承担者，而律师事务所规模扩张之后的内部管理需求突然增长，使得不少律师事务所开始设立专门的内部管理专家岗位，以适应日益增长的律师事务所之间的竞争。律师事务所内部管理专家成为一种新的法律职业类型。

律师事务所内部管理专家（in-house specialists）是出现的职位与现象。"文献表明，在律师事务所规模越来越大、职业规制也日益复杂的情况下，应当看到，内部专家开始负责事务所内部事务管理现象的出现，以及事务所内部此类专家在事务所管理中日益增长的地位。"②

这些内部专家，由于从事的内容有所不同，各个事务所的情况也有所差异，具体设立的岗位也有不同，其名称也比较多样化。学者列举了这些复杂的头衔，目前这一趋势仍然在复杂的发展之中。③ 如有的受访者称："我们倾向于采取委员会的管理办法……我们有雇佣委员会、薪酬委员会，我们还有行政委员会，法案委员会，我们有一堆的委员会。"④ 这些复杂的委员会的成员，因委员会本身的管理目标不一，成员所要承担的责任也不同，有的可能并没有具体的工作任务。但是，律师事务所本身管理事务的巨量化、复杂化，使得成立这些委员会有了必要，也使得参与这些委员会的成员背了上沉重的包袱。因此，逐步需要增加专职人员（full-time specialists），以更好地服务于事务所的管理工作。

有的内部管理专家在受访时认为，"我想事务所是把这个职位当作一个指路者……即使不是在我的职权范围，我也知道这事情该归哪里负责。"⑤ 客观地说，"由一个合伙人专门负责内部管理事务，将使事务所的运行更加有

---

① 参见何美欢：《论中国当代的普通法教育》，北京：中国政法大学出版社，2005年。
② Elizabeth Chambliss, David B. Wilkins: The Emerging Role of Ethics Advisors, General Counsel, and Other Compliance Specialists in Large Law Firms, Ariz. L. Rev., 2002, (44): 564.
③ Elizabeth Chambliss, David B. Wilkins: The Emerging Role of Ethics Advisors, General Counsel, and Other Compliance Specialists in Large Law Firms, Ariz. L. Rev., 2002, (44): 565.
④ Elizabeth Chambliss, David B. Wilkins: The Emerging Role of Ethics Advisors, General Counsel, and Other Compliance Specialists in Large Law Firms, Ariz. L. Rev., 2002, (44): 571.
⑤ Elizabeth Chambliss, David B. Wilkins: The Emerging Role of Ethics Advisors, General Counsel, and Other Compliance Specialists in Large Law Firms, Ariz. L. Rev., 2002, (44): 575.

效，费用更加节约。"① 对大型的事务所来说，同样性质的事务如果能够由专门的人员来完成，将会形成一种新的分工，大大节约其他人在那些可以外包的工作任务上面所费的精力，对整个事务所的工作效率与经济效益都是有益的。

是否设置这样的专门岗位，与律师事务所的规模有关。只有大型的事务所才能够在细密的分工中获得丰厚的利益。据实际的调研表明，100人的事务所中的专职人员已经感到工作量比较饱和，② 更大型的事务所当然需要更多的专职人员来从事这类工作。问题在于，内部管理人士最好是法律业务比较熟练的人士，这样的人工作起来才能给大家提供最好的服务，提高整个事务所的效率。但是，法律业务好的人自身大多并不愿意从事此项工作，这就构成了一个矛盾。有的受访者表示："我们没有这样的专职人员，哪里能找到这样的人呢？"③ 笔者赞同以下看法："理想的合规管理模式是结合两方面的特点，专人负责（它具有高效、专业、可问责的优点）与委员会制（具有广泛的参与度）相结合。"④

从上述情况来看，这一领域的现状大体可以概括如下：一，律师事务所的规模化与业务的高度专业化，形成了对内部管理专家与委员会的迫切需要；二，从目前的情况来看，大型事务所设立了专门的岗位来承担有关的工作任务，小型的事务所则还缺乏相应的经费或人力资源；三，这些岗位如何定位尚无定论，因而此类岗位适用的职业伦理规则尚不确定。既不同于受雇并服务于律师个人的律师助理，也不同于其他的律师，他们有的是专职、有的是兼职，其身份地位都处于不确定的演变过程中。

总体来讲，此类人员虽然目前主要出现在美国的大型律师事务所，但整体上法律业务的复杂性在不断增加，律师事务所的集中程度也在增加，预计

---

① Elizabeth Chambliss, David B. Wilkins: The Emerging Role of Ethics Advisors, General Counsel, and Other Compliance Specialists in Large Law Firms, Ariz. L. Rev., 2002, (44): 578.
② Elizabeth Chambliss, David B. Wilkins: The Emerging Role of Ethics Advisors, General Counsel, and Other Compliance Specialists in Large Law Firms, Ariz. L. Rev., 2002, (44): 580.
③ Elizabeth Chambliss, David B. Wilkins: The Emerging Role of Ethics Advisors, General Counsel, and Other Compliance Specialists in Large Law Firms, Ariz. L. Rev., 2002, (44): 581.
④ Elizabeth Chambliss, David B. Wilkins: The Emerging Role of Ethics Advisors, General Counsel, and Other Compliance Specialists in Large Law Firms, Ariz. L. Rev., 2002, (44): 579.

这一趋势将持续发展。有关的立法机构与法律职业伦理研究者应当予以特别注意。

第二节　中国其他法律职业群体及其伦理规则

除法官、检察官与律师之外，中国法律界还存在其他的一些以法律为专门职业的群体，这些群体是否属于法律职业者，他们是否适用法律职业伦理规则，业界尚有不同的看法。

一、中国其他的法律职业群体

中国其他的法律职业群体，按照其工作性质，可以划分为如下人群：

（一）机关（公共部门）的法律人

在政府（广义）内从事法律职业的法律人，主要是从事各种立法与规范性文件制定工作的法律专业人才，主要集中在各级人大的法制工作委员会与法律委员会、政府法制办（局）、政府司法行政机关（在中央是司法部，在地方是司法厅、局、所）；政府各机关普遍设立的政策法规专门部门等。由于列举总是有限度的，根据中国的情况，按照普通人的常识，称其为"机关法律人"。如果使用学理性较强的称谓，则称其为"公共部门"的法律人。

这些部门工作人员的特点是，普遍接受过专门的法学专业教育，基本上专门从事法律性工作，有些部门工作人员的法律素养比较高，其共同特点是，所在单位包括个人都掌握并行使一定的公共权力，其单位与个人都是体制的有机组成部分。

需要说明，日常用语中的"机关"在汉语中有其通俗含义，与其在法律文件中的含义不同。为方便计，这里使用了它的通俗含义。

（二）公司（私人部门）的法律人

在私人领域从事法律职业的法律人。主要包括公司法务部门的工作人员，有的公司专门的法律部门规模还比较大。这部分人群可以称为"公司法律人"。

（三）功能性（律师之外的其他中介服务机构）法律人

这一类法律人主要是指公证机关的公证员与仲裁机构的仲裁员。他们的特点是，所从事的工作具有法律性质，在法律事业中具有某种特定的功能。公证机关的法律功能是法律证明；仲裁机关的法律功能是法院之外的权威性解纷机构，为当事人解决纠纷提供了法院之外的选择。他们是最容易被接纳为法律职业者的人群。

（四）学院的法律人

法学家一词一般在狭义上使用，仅指在法学研究领域有较高造诣并获得较明确的社会承认的法学专家。在此则用其广义，将所有从事法学教学与研究工作的人群泛称为法学家，这就包括了在高校法学院（法律系）或其他类型学校从事教学与研究工作的法学专业教师，以及各级各类教学研究机构的法学专业人员，比较成规模的是中央和省级的社会科学院系统的法学研究所。这部分人可以称为"学院法律人"。

需要指出，实际上，当代中国不少法官、检察官、律师以及机关法律人与公司法律人都在从事法学研究，有的在学术上还具有重要的影响。也就是说，他们身兼法律人与法学家的双重身份，当以法律工作者面目出现时，他们是法律人；当以法学研究者面目出现时，他们是法学家。二者的区别标准用法学家哈特的术语来表述就是，看他们对法律持何种态度，持规范主义的"内在观点"态度者即是法律人，持学术化的"外在观点"者即是法学家。[①]

总体来说，机关法律人与公司法律人，都可以认为是服务于专门的雇佣者，其工作性质类似于律师，只是工作内容相对固定，所从事的法律业务比律师来说相对固定，但它整体上可以划入接近于律师的法律人。区别在于，律师是自由职业者，可以相对自由与灵活地为不特定的客户服务，机关法律

[①] 哈特认为："……就规则来说，有关的可能是：或者仅仅作为一个本人并不接受这些规则的观察者，或者作为接受这些规则并以此作为指导的一个群体成员。我们可将这些主张分别称为'外在观点'和'内在观点'。"参见哈特：《法律的概念》，张文显等译，北京：中国大百科全书出版社，1996年，第90页。

人与公司法律人则为特定的客户（雇主）服务。因而，他们的法律职业伦理在某种程度上有较大的相似性，可以参考与之最相近的法律职业伦理。

目前中国的公务员群体更多地受到执政党和政府相关纪律的约束，公务员是其第一身份。

另外值得注意的就是功能性法律人与法学家群体的职业伦理。下文就专门讨论这两类群体的职业伦理问题。

二、公证员的职业伦理规则

公证是一项古老的法律性事业，它对便利人民的生活提供了重要的帮助。中国的公证事业也在改革开放之后得到发展，有《中华人民共和国公证法》，是规范公证事业的重要立法。

（一）公证机关与公证员

《中华人民共和国公证法》（2005年8月28日第十届全国人民代表大会常务委员会第十七次会议通过）对中国公证事业进行了基本的规定。该法的第二条规定了公证作为一个行业的特点。"公证是公证机构根据自然人、法人或者其他组织的申请，依照法定程序对民事法律行为、有法律意义的事实和文书的真实性、合法性予以证明的活动。"该法第三条规定了公证活动的基本原则："公证机构办理公证，应当遵守法律，坚持客观、公正的原则。"

该法第十六条对公证员的身份进行了规定："公证员是符合本法规定的条件，在公证机构从事公证业务的执业人员。"

（二）公证员职业伦理规则

2006年3月，《公证员执业管理办法》由司法部令第102号公布，该办法第四条规定了公证员的基本职业要求："公证员应当遵纪守法，恪守职业道德和执业纪律，依法履行公证职责，保守执业秘密。"

除《公证法》与《公证员执业管理办法》外，中国公证协会专门制定了《公证员职业道德基本准则》（2002年3月3日公布，2010年12月28日中国公证协会六届二次理事会会议修订，2011年1月6日中国公证协会发布），这一规范性文件是对公证员职业进行规范的主要依据。以下就根据《公证法》与《公证员职业道德基本准则》（本节中简称《准则》）的相关内容对公证员的职业伦理规则进行一个介绍。

根据相关规范性文件要求，可以将公证员的职业伦理规则概括为如下几条：

1. 合法性原则

《准则》分五部分，除附则是对《准则》的效力进行规定外，其他四部分分别集中表达了一个主题。第一部分"一、忠于法律 尽职履责"共六条表达的是"合法性"原则。

第四条则提出了"回避制度"，要求："公证员应当自觉遵守法定回避制度，不得为本人及近亲属办理公证或者办理与本人及近亲属有利害关系的公证。"第五条是"保密义务"，第六条，则是要求公证员在履职过程中特殊的合法性要求，要求"公证员在履行职责时，对发现的违法、违规或违反社会公德的行为，应当按照法律规定的权限，积极采取措施予以纠正、制止"。

从上述内容看，这六条的核心是合法性原则，其中有两条具体的内容，即回避与保密的义务。

2. 专业性原则

第二部分"二、爱岗敬业 规范服务"内容包括第七至十三条，共七条，集中表达了公证员的专业性原则要求。其中，第八条提出了公证员的"告知"义务，第十条提出了公证员的"程序"注意义务，第十一条提出了"礼仪"要求，要求"公证员应当注重礼仪，做到着装规范、举止文明，维护职业形象。现场宣读公证词时，应当语言规范、吐字清晰，避免使用可能引起他人反感的语言表达方式。"

第十二条是公证员特殊的"报告"义务，即"公证员如果发现已生效的公证文书存在问题或其他公证员有违法、违规行为，应当及时向有关部门反映"。第十三条规定了慎言义务，要求"公证员不得利用媒体或采用其他方式，对正在办理或已办结的公证事项发表不当评论，更不得发表有损公证严肃性和权威性的言论"。

《准则》的第三部分标题为"三、加强修养 提高素质"，从十四到十九条共六条内容,从其具体内容来看,体现了"职业道德准则"的特点,基本上都属于道德提倡的义务,其要求可以概括为"向善性"要求,这部分内容无具体的操作性,在此不多讨论。

3. **廉洁性原则**

第四部分为"四、廉洁自律 尊重同行",这部分内容的规定比较具体,有较强的可操作性。各条基本上都对公证员的职业伦理行为有明显的要求。具体来说:

第二十条可以概括为"形象义务",要求"公证员应当树立廉洁自律意识,遵守职业道德和执业纪律,不得从事有报酬的其他职业和与公证员职务、身份不相符的活动"。第二十一、二十二两条可概括为"避免利益冲突"义务,要求"公证员应当妥善处理个人事务,不得利用公证员的身份和职务为自己、亲属或他人谋取利益"。第二十二条要求"公证员不得索取或接受当事人及其代理人、利害关系人的答谢款待、馈赠财物或其他利益"。这是为了避免给人以利益交换的嫌疑印象,损害公证员的公正形象。第二十三条可概括为"同行互助"义务,第二十四条相对抽象,可以概括为"合法活动义务",要求"公证员不得以不正当方式或途径对其他公证员正在办理的公证事项进行干预或施加影响。"第二十五条可概括为"禁止不正当竞争"原则,条文如下:

第二十五条 公证员不得从事以下不正当竞争行为:

(一)利用媒体或其他手段炫耀自己,贬损他人,排斥同行,为自己招揽业务;

(二)以支付介绍费、给予回扣、许诺提供利益等方式承揽业务;

(三)利用与行政机关、社会团体的特殊关系进行业务垄断;

(四)其他不正当竞争行为。

这一规定是考虑到公证事业具有竞争性,要对同行间的竞争做出具体的规定。

总体来看,除第三部分停留在一般性的道德号召之外,其他部分的内容都具有明确的可操作性,《准则》对公证员的职业伦理行为是有较强的指导意义的。

三、仲裁员的职业伦理规则

仲裁是一种具有悠久历史的争议解决机制，由争议双方当事人共同决定，向由专业人员组成的仲裁机构请求对他们之间的争议进行权威性的裁决。在本质上，仲裁是一种"民间"性质的法院，是在国家司法权之外的一种争议与纠纷解决机制。由于诉讼方式具有旷日持久、过度耗费精力的弊端，对有些当事人非常不利，尤其是商事纠纷中，时间就是金钱，按照法院的诉讼周期来解决争议，任何一方都会遭受重大损失，为此双方一般会同意将其争议提交仲裁庭。虽然仲裁具有时效性的优点，不过当事人同样要承担仲裁费用，而且可能比法院的诉讼费用还要高，因而，只有那些因其难以承受时间压力且利益重大的争议适合选择仲裁。

（一）仲裁机构与仲裁员

仲裁是一种类似于司法裁判解决纠纷的方式，它与司法审判不同的是它并不以国家强制力为后盾，而以双方当事人的自愿接受与自觉执行为基础。作为一种争议解决方式，它具有自己的优越性，尤其在国际商事领域得到广泛运用。

《中华人民共和国仲裁法》（1994年8月31日第八届全国人民代表大会常务委员会第九次会议通过，1994年8月31日中华人民共和国主席令第三十一号公布，自1995年9月1日起施行）对中国的仲裁事业进行了全面的规范。该法第二条对仲裁案件的范围进行了规定："平等主体的公民、法人和其他组织之间发生的合同纠纷和其他财产权益纠纷，可以仲裁。"该法第四条规定，受理仲裁案件的前提必须是双方当事人存在仲裁协议，因为按照仲裁的性质，如果一方当事人不同意仲裁则仲裁决定无法得到其配合。"当事人采用仲裁方法解决纠纷，应当双方自愿，达成仲裁协议。没有仲裁协议，一方申请仲裁的，仲裁委员会不予受理。"

仲裁委员会是仲裁员的组织，仲裁庭由一到三名仲裁员组成。该法第十三条对仲裁委员会的组成人员即仲裁员的任职资格进行了规定：

仲裁委员会应当从公道正派的人员中聘任仲裁员。

仲裁员应当符合下列条件之一：

（一）从事仲裁工作满八年的；

（二）从事律师工作满八年的；

（三）曾任审判员满八年的；

（四）从事法律研究、教学工作并具有高级职称的；

（五）具有法律知识、从事经济贸易等专业工作并具有高级职称或者具有同等专业水平的。

仲裁委员会按照不同专业设仲裁员名册。

（二）仲裁员的职业伦理规则

中国的仲裁行业的职业伦理规则目前是《中国国际经济贸易仲裁委员会、中国海事仲裁委员会仲裁员守则》（1993年4月6日通过，1994年5月6日修订），以下就根据该《守则》对中国仲裁员的职业伦理规则做一介绍。

1. 总体特征：与法官职业伦理的基本要求相近

总体来看，《守则》共十五条，基本上根据仲裁活动的规律对仲裁员提出了若干要求，这些要求可以概括为一个基本的特点：与诉讼过程中的法官的一般伦理规则相似。仲裁员本身也是一种"法官"，只不过它是双方当事人临时任命的且只对自己争议案件具有裁判权力的法官。因而，这些条文基本上表现了法官职业伦理的一般特点。

2. 个别特点：仲裁员的若干具体义务

除了这些一般特点外，个别条文对仲裁员的履职行为有具体要求，分别是：

"回避义务"，具体在第三条中，"三、仲裁员名册中的任何人事先与一方当事人讨论过案件的，或提出过咨询意见的，不得担任该案仲裁员。""避免利益冲突义务"，在第四条的规定中，"四、仲裁员在任职期间不得收受当事人的馈赠，不得与一方当事人单独会见讨论有关案件的情况或接受有关案件的材料，在调解过程中仲裁庭决定仲裁员与一方当事人单独会见的除外。"第五条也是回避义务，"五、仲裁员本人认为与案件有利害关系的或其他关系而有可能影响案件公正审理的，应当向仲裁委员会披露与当事人的关系的情况，如直系亲属、债务、财产与金钱关系、业务及商业合作关系等，应当自动请求回避。"

"职业形象原则"，在第十条中，"十、在开庭审理时，仲裁员不得出现倾向性，注意提问和表达意见的方式方法，避免对关键性问题作出过早的结论，避免出现与当事人争议或对峙的局面。"这是为了树立仲裁员的中立形象，保持当事各方对仲裁庭公正裁决的信任。

由于仲裁庭临时组织，各仲裁员之间的地位平等，因而需要设立首席仲裁员。这就对首席仲裁员提出了更多义务性要求，"首席仲裁员义务"分别体现在第十一、十二条中，这是为了保证仲裁庭能够保持高效率的工作。

"保密义务"，表现在第十三条，具体规定如下："十三、仲裁员应当严格保守仲裁秘密，不得向外界透露任何有关案件实体和程序上的情况，包括案情、审理过程、仲裁庭合议等情况；亦不得向当事人透露尤其是本人的看法和仲裁庭合议的情况。"这一要求与法官的保密义务类似，是为了保障当事人的权利与隐私。

"职业身份使用许可义务"是比较特殊的一个义务，表现在第十五条，其规定为："十五、仲裁员需要以仲裁委员会名义对外参加有关仲裁的会议或活动，发表文章或讲演，应当事先得到仲裁委员会的同意。"这一义务也是为了维护仲裁庭的权威，因为仲裁庭是由多个仲裁员组成的集体，其成员个人不能不受约束地随意代表仲裁庭，避免因此对仲裁庭造成不良影响。

第三节 其他特殊的法律职业群体

公证员与仲裁员的法律职业身份比较容易被大众接受，其他几类与法律工作相关的人群，则有一些特殊性。第一类是法学家，第二类是各类法律助理岗位或职业。

一、法学家

法学家在古罗马帝国曾经留下自己的辉煌记录，法学家的著作本身可以被援用以裁决案件，后来的法学家虽然没有那样的成就，受益于法学教育的发展，整个社会的法律职业群体渐渐发展壮大。因而，法学家在各法律职业群体中具有特殊的影响力，其职业伦理值得讨论。不过，如前所说，法学家是否属于法律职业群体，仍是有争议的。在区分法学人与法律人时，法学家仅仅属于法学人，但在不强调法律职业的情况下，法学家也被纳入法律人的范畴之中。因而本节的讨论与法官、检察官与律师的职业伦理有所不同，更多具有自我约束的道德性规范的含义。

（一）法学家及其单位、组织

法学家是主要从事法学教学与研究机构工作的法律职业群体，这些机构主要包括如下：

1. 法学院（系）。目前中国有 600 余所法学院或法律系，法学院是法学家最为集中的建制单位，① 也是法学知识最为密集的场所。

2. 法学研究机构。以中国社科院法学所和各个省级社会科院法学所为主，再加上其他的研究机构，是法学院之外的第二大法学家建制单位。

3. 中国法学会及其地方机构。中国法学会是法学家的组织。根据中国政府的规定，目前中国法学会是部级学会，其会长一般由政法战线的资深领导人担任，现任会长是原中共中央政治局委员王乐泉。

中国法学会下设两类学会，分别如下：

一是按照行政区划设立的各省（市、区）法学会。

为了推进各地法学会的发展，中国法学会要求各省级及以下的行政区域成立法学会，省级法学会的组织形式与中国法学会具有相当大的同构性。上述法学会由编制委员会（编办）给予编制，由财政经费供养，配备专职领导与一定的机关工作人员。目前，各主要城市都成立了法学会，给予单独的人员编制与经费预算来保障其运行。一些地级县级行政区域也成立了相应的机构，不过，因各地经济情况和法学研究力量的差异较大，法学会会长本身的行政能力与游说能力不同，具体情况可能就各有不同。

二是按照学科单位设立的学科研究会。目前中国法学会之下设立的学科

---

① 翁开心、孙笑侠：《论作为制度的法学院》，载《法律科学》2002 年第 5 期。

研究会达到了 30 余个，其中传统的法学学科人数众多、名家云集，影响比较大，比如法学理论、民法学、刑法学等，都有比较大的学科研究会。有些新发展的学科的影响力正在迅速地增长之中，具体情况各不相同。

与省级及以下的行政区域法学会类似，各省份也有自己的学科性研究会，不过，具体情况则因其法学研究力量的分布差异而有所不同。影响比较大的学科有研究会，有的学科没有独立的研究会，而是与相近学科联合成立一个共同的研究会，如法理法史研究会、民法经济法研究会、宪法行政法研究会等。活动形式也因负责人的行政能力及掌握的行政资源不同而有明显差异，寻找经费容易的则活动较多，规模也较大；经费困难的，活动开展则受到较多限制。

（二）法学家的职业伦理

法学家普遍具有多个身份，比如法学院教师本身的教师身份以及作为研究者的科研人员身份等。这两种身份同时也有其自身的职业伦理，比如教师的职业伦理与科研人员的职业伦理，讨论法学家的职业伦理则既要区别这两种身份，也要讨论法学家可能利用这些身份造成的影响。

1. 利益冲突禁止义务：不得利用法学家身份干预、影响具体案件的判决结果

法学家既然可能享有一定的社会影响，有些著名法学家的影响还比较大，因而利益冲突禁止是法学家的首要义务。

比较突出的是两个现象：

其一，法学院教师兼律师。

既是法学家，又是执业律师，两个身份同时汇聚在一个人身上，个人很可能利用法学家身份来促进或追求自己的律师职业利益。在中国的特定环境中，老师与学生、同学与校友等社会关系，往往会对个人形成一种无形的压力，足以影响到案件的审判。加上法律界与法学家本身具有高度的内在认同，人缘与地缘关系非常密切，因而这种影响是不可忽视的。

是否应当禁止法学院教师从事兼职律师，或者要求其不得利用其教师身份在律师职业中获得利益，业界看法不一。有观点认为，法学院教师从事实务有助于"理论与实践相结合",而且在就业形势比较严峻的当下,学生也比较欢迎实务能力较强的教师。未来中国法学院教师职业逐步专业化之后,这一难题或许可以得到顺利的解决。不过,也有可能出现与美国的法学院类似的弊端:教师是法律研究者,而对实务性案件则不够专业。如学生对耶鲁大学法学院的著名评价:"除了法律,什么都教!"而法官与律师做为法律专业人士,但他们既没有精力也没有机会参与法学院教学。目前美国法学院已采取相应措施加以改进,在传统的案例教学之外,新增了诊所式教学,并设立了专门的教师岗位,这一做法值得中国法学院借鉴。

其二,法学家利用其地位和影响对特定案件进行干预和影响。

这主要是在一些著名法学家身上可能出现的现象。由于法学家对法律界有较强烈的介入能力和影响力,有的律师可能会利用自身的影响力来对特定案件施加影响。比较典型的是沈阳的"刘涌案",刘涌的代理律师组织国内十几位法学家进行研讨并出具了意见书,著名法学家提出的意见对法院的审判造成了比较大的压力。

在转型时期的中国,由于利益集团可能对党和政府的决策形成某种比较有效的捆绑,导致司法腐败现象比较严重,司法腐败与司法无力同时存在。法学家对法院可能形成的影响力也与社会现实环境有关,做好自己的工作甚至做出超越时代的学术性成绩,才是法学家最重要的使命。

法律人与法学家是两种不同的身份,区别在于他们对于法律有两种根本不同的态度。因而,人们在讲法律职业伦理问题时下意识地会将法学家排除在外。

2. 推进社会公平与正义的道德义务

国外对法学家也有比较高的要求。例如,埃利希认为:"法学家还不是一个国家机关,而是一个社会机关。"① 他指出了法学家的双重任务:"法学家法也有双重的任务。首先,为了在社会中产生的法律制度,它必须通过将社会的行为规则一般化和统一化来表述必需的裁判规范,其次,它还必须按

---

① [奥]欧根·埃利希:《法社会学原理》,舒国滢译,北京:中国大百科全书出版社,2009 年,第 263 页。

照在社会中流行的正义思潮自主地寻找裁判规范。"① 这双重任务包括,法学家既要意识到法律规则应当具有一定的社会基础,也要明确法律规则应当符合正义理念。这就对法学家的社会角色提出了相应的道德要求。

法学家有义务推进社会公正与正义的进展,对于社会上包括法律中出现的不公正现象有道德义务进行批评与谴责。那么,如何区别介入案件与维护正义的界限?一是看是否有具体的利益关系,法学家是否在其中获利;二是看社会整体的认可程度。这种标准说来简单,但仍然需要考虑具体的社会情境与宏观的政治文化环境。

在此意义上,法学家就是"公共知识分子",需要越出其狭隘的职业领域对公共领域的事务发表意见、表明态度,维护公共领域的健康发展与合理存在。

首先,公共领域的存在,是维持国家与社会关系、政府与人民关系正常运行的前提。在现代民主社会,政府的公共权力来自人民,人民则永远享有基本的、不可剥夺的主权,对政府具有监督与批评、通过选票替代与轮换的权力。其次,法律问题具有较强的专业性,使得非法律界人士往往难以介入讨论,因此法学家不可在公共议题中缺席。公共领域的问题往往具有较强的法律性,法学家应当主动承担起相应的责任,尽到对社会的道德义务。

二、各类法律助理岗位与职业

(一)法官助理②

法官助理是协助法官从事审判业务的辅助人员,在法官指导下工作,可在法官授权及职责范围内指导书记员开展工作。最新一轮司法改革贯彻落实《最高人民法院司法责任制实施意见(试行)》,审判团队按"法官+法官助理+书记员"的模式组建,合理划分法官、法官助理、书记员的职责,由法官助理承担部分程序性事务和与实体处理相关的事务,减少法官的事务性工

---

① [奥]欧根·埃利希:《法社会学原理》,舒国滢译,北京:中国大百科全书出版社,2009年,第517页。

② 本标题下的内容由广州市中级人民法院法官汤琼女士提供。

作，使法官专司案件审判。

广东省高级人民法院关于法官助理改革试点工作的相关意见中，明确法官助理在法官指导下履行下列职责：

1. 程序性事务：（1）指导当事人举证；（2）接待来访当事人并进行释法答疑；（3）制作合议庭评议笔录；（4）校对裁判文书；（5）完成承办法官交办的其他辅助性工作。

2. 与实体处理相关的事务：（1）受法官委托主持当事人诉讼证据交换；（2）受法官委托组织庭前调解和诉讼中调解工作；（3）依申请、依职权调查取证；（4）办理案件的财产、证据保全及司法鉴定和评估工作相关事宜；（5）收集与案件相关的法律、法规、判例等参考资料；（6）按照法官的要求，草拟法官文书；（7）协助法官开展调研、审判管理等工作；（8）完成法官交办的其他审判辅助性工作。

3. 因工作需要，法官助理可以代行书记员职责。近年来，法院通过对法官助理、书记员、执行员、司法警察、司法技术人员等在内的审判辅助人员管理制度的改革，探索采取不同模式的审判辅助人员配备模式，鼓励有条件的法院采取购买社会服务等方式配备法官助理、书记员。

目前法官助理来源包括：1. 未能进入法官员额的现任审判员、助理审判员转任；2. 从符合任职条件的法官公务员中选任；3. 通过公务员招录、选调等方式选任；4. 其他符合规定的录用方式，如以政府雇员等招聘录用方式。

（二）检察官助理[①]

检察官助理或称书记员、检察辅助人员，基本为编外人员，在检察官的领导下，承担检察官行使法律监督职权的辅助性工作。司法改革后，法院拟形成一名法官配一名法官助理和一名书记员的工作模式以提高工作效率，让法官专心于审判，零散的工作则由法官助理与书记员来完成，检察院也有此趋势。现有些检察院检察官助理与书记员均招聘，有些则不细分。以广州市

[①] 本标题下的内容由广州市人民检察院郑茜文女士提供。

人民检察院公诉二处为例，基本形成了一名检察官配一名检察官助理的工作模式，而因检察官助理多为编外人员无晋升空间，所以人员流动性较大。

至于刚考进检察院的公务员，根据《中华人民共和国检察官法》第十条："担任检察官必须具备下列条件：（六）高等院校法律专业本科毕业或者高等院校非法律专业本科毕业具有法律专业知识，从事法律工作满二年，其中担任省、自治区、直辖市人民检察院、最高人民检察院检察官，应当从事法律工作满三年；获得法律专业硕士学位、博士学位或者非法律专业硕士学位、博士学位具有法律专业知识，从事法律工作满一年，其中担任省、自治区、直辖市人民检察院、最高人民检察院检察官，应当从事法律工作满二年。"因此，在其通过考试、考核被任命为检察官之前，其履行的也是检察官助理的职能，也被称为检察官助理或书记员。

根据2017年广州市各检察院编外人员的招聘公告整理出检察官助理的职能如下：1. 在检察官指导下履行接待律师及案件相关人员；2. 协助检察官实施现场勘验、检查、搜查、查封、扣押物证、书证（侦查岗）；3. 协助检察官收集、调取、核对证据（侦查岗）；4. 协助草拟案件审查报告以及相关法律文书；5. 协助检察官出席法庭；6. 完成检察官交办的其他事项。书记员的职能如下：1. 在检察官指导下承担讯问、询问的记录工作；2. 办理案件的接收、移交手续；3. 校对、印制相关法律文书；4. 整理、装订、归档案卷材料；5. 完成检察官和检察官助理交办的其他事务性工作。而以广州市人民检察院公诉二处为例，检察官助理是综合行使以上职能的，无检察官助理与书记员之分。

（三）律师助理[①]

所谓律师助理是指法律专业毕业，未取得律师资格或法律职业资格，专职在律师事务所从事辅助工作的人员。一般情况分为以下两种：

1. 作为职称的"律师助理"。"律师助理"是"员"级职称，相当于大学的"助教"、医院的"医士"。法律专业的专科毕业生在律师事务所工作满

---

① 本标题下文字由广州粤高专利商标代理有限公司王芬女士提供。

一年就可以申请政府人事部门发的《专业技术资格证书》,什么考试也不用。由于这个证没什么用处,所以现实中申请的人不多。

2. 作为职务的"律师助理"。比如我是律师,我可以雇用一个人来当我的助理。这个人我喜欢就行,完全不用什么资格(学历、职业证书)。

律师助理的工作一般而言包括以下几种:

1. 接收、整理和保管文件档案资料;2. 处理有关法律问题的来信、来访,解答简单的法律询问,代写简单的法律文书;3. 协助律师调查取证、抄写文书、摘录案卷材料、会见被告或当事人,送达文件及办理其他辅助性工作;4. 协助律师办理案件,在出庭时负责做开庭记录,传递文件证据等;5. 撰写相关法律文件,如:起诉书,答辩状,谈话记录,当事人声明书等;6. 负责日常律师与客户之间的沟通工作。

例如某公司是以商标专利的代理业务为主,律所律师接的案子也偏向知识产权一类的诉讼业务。律师助理在协助律师进行诉讼类工作的同时,也会跟着代理人写一些专利申请。知识产权律师要比普通的诉讼律师对律师的个人能力要求的更加严苛一点,律所的律师一般除了有律师的执业证外,还有专利代理人资格证。

上述中国法官助理、检察官助理与律师助理的情况介绍,笔者约请广东地区的法律人提供相关内容。因司法改革是先行试点再全国推广,现实在不断发生变化,未来全国整体的情况如何需要进一步的观察。上述法官助理与检察官助理仅仅是一种工作岗位还是会发展成为一种独立的职业种类,前景还需要观察;律师助理是否会如其美国的同行那样,建立起独立的专业标准与独立的职业类型,也有待现实的进一步发展。

对于他们的职业伦理规则,从理论上可以作出如下的判断或预测:美国的律师助理属于对律师本人负责的一种不具有独立法律责任能力的职业,其责任只能由律师本人来承担。国内的法官助理、检察官助理、律师助理在此方面可以适当借鉴这一责任承担方式,明确各自的职业责任与行为边界。由于其责任要由正式的律师或法官、检察官等法律人负责,因而他们的行为对于当事人和其他法律职业者具有重要的影响,一般认为他们也应当参照法律职业伦理规则行事。这一标准对律师助理这类职位也提出了较高的能力与伦理要求,需要建立相应的培训与再教育机制。中国未来是否也会逐步发展出同样的制度,则有待实践的继续演进。

中国的司法改革一直没有停止,中国的法治建设也一直在不断推进,虽然在有些领域可能会出现反复,但较明确的趋势是,中国将在推进法律职业发展的道路上继续探索前进,必要的改革措施将根据未来的政治社会形势继续推进,党的十九大以来中国推进法治的进程值得更多观察和总结。

本章思考题:

1. 试述美国律师助理职业的基本情况。
2. 试述公证员的职业伦理基本要求。
3. 试述仲裁员的职业伦理基本要求。
4. 试述法学家的职业伦理。

参考文献

[1] 边林. 中华医学会医学伦理学分会第十八届学术年会暨全军第八次医学伦理学专业委员会学术会议综述 [J]. 医学与哲学, 2015 (9A).

[2] 陈瑞华. 刑事诉讼法修改对检察工作的影响 [J]. 国家检察官学院学报, 2012 (4).

[3] 陈瑞华. 法官责任制度的三种模式 [J]. 法学研究, 2015 (4).

[4] 陈杭平. "职权主义"与"当事人主义"再考察：以"送达难"为中心 [J]. 中国法学, 2014 (4).

[5] 曹望华. 国内行政伦理学研究综述 [J]. 广东行政学院学报, 2003 (4)：30.

[6] 冯必扬. 人情社会与契约社会——基于社会交换理论的视角 [J]. 社会科学, 2011 (9).

[7] 何美欢. 论中国当代的普通法教育 [M]. 北京：中国政法大学出版社, 2005.

[8] 胡礼忠, 邢新宇. 宗藩体系与威斯特伐利亚体系——两种经典国际体系的比较与启示 [J]. 国际观察, 2011 (6).

[9] 金坚. 前喻文化·同喻文化·后喻文化——M·米德《文化和宗奉》述评 [J]. 上海青少年研究, 1986 (10).

[10] 雷结斌. 我国社会转型期道德失范问题研究 [D]. 南昌：南昌大学, 2013.

[11] 李本森. 法律职业伦理 [M]. 2版. 北京：北京大学出版社, 2008.

[12] 李力行, 周广肃. 家庭借贷约束、公共教育支出与社会流动性 [J]. 经济学（季刊）, 2015 (1).

[13] 李旭东. 论司法裁判的法律标准——对社会效果与法律效果统一论的批评 [J]. 华南理工大学学报, 2010 (5).

[14] 李旭东. 论法律概念与法学概念的区别 [J]. 哈尔滨工业大学学报（社科版）, 2015

（3）．

[15] 李学尧. 非道德性：现代法律职业伦理的困境［J］. 中国法学，2010（1）.

[16] 李传俊. 医学伦理学的改革与发展［J］. 医学教育，1990（4）.

[17] 罗国杰. 伦理学［M］. 北京：人民出版社，1989.

[18] 罗利丹. 上级错误命令执行的责任风险及其规制［J］. 浙江学刊，2014（4）.

[19] 欧东明. 印度教与印度种姓制度［J］. 南亚研究季刊，2002（3）.

[20] 逢健，刘佳. 摩尔定律发展述评［J］. 科技管理研究，2015（15）.

[21] 邱仁宗. 英国的医学伦理学和医学史教学［J］. 医学与哲学，1983（7）.

[22] 施祖军. 高等商业院校开设商业伦理学课程势在必行［J］. 湖南商学院学报，2004（4）.

[23] 孙同鹏. 寻租问题的法律思考［J］. 政法论坛，2001（4）.

[24] 孙笑侠. 司法权的本质是判断权——司法权与行政权的十大区别［J］. 法学，1998（8）.

[25] 王磊. 21世纪法学系列教材教学案例：布什诉戈尔［M］. 北京：北京大学出版社，2002.

[26] 王海明. 新伦理学［M］. 北京：商务印书馆，2001.

[27] 美国律师协会职业行为示范规则（2004）［M］. 王进喜，译. 北京：中国人民公安大学出版社，2005.

[28] 王云岭，曹永福. 医学伦理学是否可教？［J］. 医学与哲学，2004（6）.

[29] 翁开心，孙笑侠. 论作为制度的法学院［J］. 法律科学，2002（5）.

[30] 谢冬慧. 法学家的力量—评西方法学家对法制发展的贡献［J］. 法学评论，2007（4）.

[31] 谢遐龄. 马克思主义与儒学——我们是否处在经学时代？［M］//曾亦，唐文明. 中国之为中国：正统与异端之辩. 上海：上海人民出版社，2012.

[32] 许身健. 法律职业伦理［M］. 北京：北京大学出版社，2014.

[33] 许身健. 欧美律师职业伦理比较研究［J］. 国家检察官学院学报，2014（1）.

[34] 许章润. 论现代民族国家是一个法律共同体［J］. 政法论坛，2008（3）.

[35] 严明，陈锋. 在杭"菲佣"调查及管理之思考［J］. 浙江警察学院学报，2009（6）.

[36] 赵玉鹏，袁其微. 英国《医学伦理学》的研究前沿与深化路径［J］. 医学与哲学，2015（11A）.

[37] 张志铭，于浩. 国际检察官职业伦理评析［J］. 国家检察官学院学报，2014（1）.

[38] 朱孝清，张智辉. 检察学［M］. 北京：中国检察出版社，2010.

[39] 左秋明. 美国行政伦理学发展及研究述评［J］. 天津行政学院学报，2013（3）.

[40] 爱泼斯坦. 美国的商业伦理［J］. 国外社会科学文摘，2002（12）.

[41] 罗德，海泽德. 律师职业伦理与行业管理［M］. 2 版. 许身健，译. 北京：知识产权出版社，2015.

[42] 莫里特诺，哈瑞斯. 国际法律伦理问题［M］. 刘晓兵，译. 北京：北京大学出版社，2013.

[43] 斯蒂文森. 法学院：19 世纪 50 年代到 20 世纪 80 年代的美国法学教育［M］. 阎亚林，李新成，等译. 北京：中国政法大学出版社，2003.

[44] 弗里德曼. 对抗制下的法律职业伦理［M］. 吴洪淇，译. 北京：中国人民大学出版社，2017.

[45] 哈特. 法律的概念［M］. 张文显，译. 北京：中国大百科全书出版社，1996.

[46] 西耶斯. 论特权 第三等级是什么［M］. 北京：商务印书馆，1990.

[47] 涂尔干. 社会分工论［M］. 渠东，译. 北京：生活·读书·新知三联书店，2013.

[48] 考夫曼. 法律哲学［M］. 刘幸义，等译. 北京：法律出版社，2004.

[49] 恩格斯. 家庭、私有制和国家的起源［M］//马克思恩格斯选集（第 4 卷）. 北京：人民出版社，1972.

[50] 康德. 康德文集［M］. 北京：改革出版社，1997.

[51] 康德. 道德形而上学原理［M］. 苗力田，译. 上海：上海人民出版社，2005.

[52] 埃利希. 法社会学原理［M］. 舒国滢，译. 北京：中国大百科全书出版社，2009.

[53] 森际康友. 司法伦理［M］. 于晓琪，沈军，译. 北京：商务印书馆，2010.

[54]《中华人民共和国法官法》（2017 年修订）

[55]《法官行为规范》（2010 年修订）

[56]《人民法院工作人员处分条例》（2009）

[57]《中华人民共和国法官职业道德基本准则》（2010 年修订）

[58]《中华人民共和国检察官法》（2001 修订）

[59]《检察官职业道德规范》（2002）

[60]《检察人员纪律处分条例》（试行）（2004）

[61]《检察官职业行为基本规范》（试行）（2010）

[62]《关于建立法官、检察官惩戒制度的意见》（试行）（2016）

[63]《关于加强和改进新形势下检察队伍建设的意见》（摘要）

[64]《中华人民共和国律师法》（2007 修订）

[65]《律师执业行为规范》（2009）

[66]《律师和律师事务所违法行为处罚办法》（2010）

[67]《中华人民共和国公证法》（2005）

[68]《公证员执业管理办法》（2006）

[69]《公证员职业道德基本准则》(2010 年修订)

[70]《中华人民共和国仲裁法》(1994)

[71]《中国国际经济贸易仲裁委员会、中国海事仲裁委员会仲裁员守则》(1994 年修订)

[72] MARGULIES P. When to push the envelope: legal ethics, the rule of law, and national security strategy [J]. Fordham Intl L. J. 2007, 642 (30): 672.

[73] LEVINE S. Taking ethical obligations seriously: a look at American codes of professional responsibility through a perspective of Jewish law and ethics [J]. Cath. U. L. Rev. 2007, 165 (57): 202.

[74] PEPPET S R. The ethics of collaborative law [J]. J. Disp. Resol. 2008, 131: 162.

[75] HASNAS J. Managing the risks of legal compliance: conflicting demands of law and ethics [J]. Loy. U. Chi. L. J. 2008, 507 (39): 524.

[76] ZACHARIAS F C. Integrity ethics [J]. Geo. J. Legal Ethics. 2009, 541 (22): 588.

[77] LEUBSDORF J. Legal ethics falls apart [J]. Buff. L. Rev. 2009, 959 (57): 1056.

[78] WALD E. Federalizing legal ethics, nationalizing law practice, and the future of the American profession in a global age [J]. San Diego L. Rev. 2011, 489 (48): 546.

[79] KIMBRO S, KENNADAY. Ethics of virtual law practice [J]. S. C. Law. 2012, 41 (23): 45.

[80] ROBINSON E P. Virtual voir dire: the law and ethics of investigating jurors online [J]. Am. J. Trial Advoc. 2013, 597 (36): 640.

[81] KAUFFMAN K D. Legal ethics [M]. Canada: Delmar Learning, 2004.

[82] ABA: Model rule of professional conduct [M/OL]. https://www.americanbar.org/

[83] ABA: Model code of judicial conduct [M/OL]. https://www.americanbar.org/

致　谢

本教材之完成，如下机构和人士提供了各种条件与帮助：

2013年华南理工大学教务处为本教材的撰写提供了初始项目经费并催促结项；2016年华南理工大学出版基金为本书出版立项；本院朱志昊副教授、西北政法大学的余涛副研究员在本书最初的写作中曾予协助；本专业研究生马慧丹、杨稷、马莉等同学在编写过程中先后协助做了部分资料工作；法官助理、检察官助理与律师助理部分的内容分别由广州市中级人民法院汤琼法官、广州市人民检察院郑茜文女士和广州粤高专利商标代理有限公司王芬女士提供；佛山市禅城区法制局王学堂局长、朱志昊副教授审读书稿，提出了专业性意见；山西省昔阳县教育局赵海云老师帮助校对了义稿；本院硕士生杨稷同学参加了修订。

笔者2017年在美国布鲁克林法学院（BLS）访学期间，威廉·阿瑞扎教授（Professor W. Araiza）与法学院国际项目部主任门琦博士（Dr Qi Men）给予了种种帮助。

华南理工大学出版社的王磊老师对初稿提出了针对性的修改意见。

华南理工大学张友好教授负责的法学实践教学项目对本教材写作亦有帮助。

在此对上述机构和人士表示衷心感谢。

李旭东

2018年1月10日于广州大学城

华南理工大学法学院